SPANISH BILINGUAL DICTIONARY

A BEGINNER'S GUIDE IN WORDS AND PICTURES

by

Gladys C. Lipton

Assistant to Director of Foreign Languages
Board of Education, City of New York

Olivia Muñoz

Director of Foreign Languages
Board of Education, Houston Public Schools, Texas

Barron's Educational Series, Inc.
Woodbury, New York

Pear Pera

© Copyright 1975 by Barron's Educational Series, Inc.

All inquiries should be addressed to:

Barron's Educational Series, Inc.
113 Crossways Park Drive
Woodbury, New York 11797

Library of Congress Catalog Card No. 74-26654

International Standard Book No. 0-8120-0468-X

Library of Congress Cataloging in Publication Data

Lipton, Gladys C.
    Spanish bilingual dictionary.
    SUMMARY: Approximately 2600 entries include the definition, phonetic transcription, use of word in a sentence, translation, and a picture, if feasible.
    1. Spanish language — Dictionaries, Juvenile — English. 2. English language — Dictionaries, Juvenile — Spanish. 3. Picture dictionaries, Spanish — Juvenile literature. 4. Picture dictionaries, English — Juvenile literature. [1. Spanish language — Dictionaries. 2. English language — Dictionaries] I. Muñoz, Olivia, joint author. II. Title.
PC4628.L5   463'.21   74-26654
ISBN 0-8120-0468-X

PRINTED IN THE UNITED STATES OF AMERICA

5 6 7 8 9 10 11

Dedicated, with affection, to
Robert Lipton and Raúl Muñoz

Table of Contents
Tabla de materias

Introduction

The *Spanish Bilingual Dictionary* is a book which will provide both pleasure and functional service. While it is primarily a tool for students in school who are studying Spanish or English as a new language, it will also bring many hours of "thumbing-through" enjoyment to everyone (children and adults) who likes to look at pictures, who delights in trying to pronounce new sounds, and who is enthralled with the discovery of reading words they already know how to say and understand.

This dictionary will assist in the understanding of written Spanish and English and will be an aid in the expansion of vocabulary. It can also be a motivational instrument as students are able to look up what they want to say, thus making their foreign language study relevant to their needs and interests. This functional use of the dictionary would apply to beginners of all ages studying in formal class situations or on an individualized, exploratory basis.

The dictionary will be interesting, too, to those young students who are studying language in bilingual programs, FLES programs, ESL, or any introductory language program. Since the dictionary has both Spanish to English and English to Spanish listings, it should be of value to both English-speaking students learning Spanish and to non-English-speaking students whose native language is Spanish. It will be useful to all beginning language students, young and old.

In addition to providing assistance with speaking and reading activities in Spanish and English, the dictionary will be a guide for helping beginning language students to write simple compositions based on dialogues learned in class. It will also be a ready reference for the writing of pen-pal letters, for homework assignments involving idiomatic usage, for answering questions in Spanish, and for creative language projects, such as cartoons and poetry.

The book will be a boon to teachers who are trying to bridge the gap between purely audio-lingual activities and the visual-graphic skills of reading and writing. The implementation of the phonemic transcriptions will lead beginners to an understanding of sound-symbol relationships. Once reading has begun, pupils will be able to use the dictionary for supplementing the basic textbook and/or reader in the development of comprehension of the written text and in the acquisition and expansion of vocabulary. Teachers will also find this dictionary of great value in the preparation of word-study lessons, dictionary skills lessons, quiz and test construction, and lessons involving generalizations of verb forms in the present tense.

BASIS OF WORD SELECTION

The selection of words in the Spanish listing is based on a survey of basic words and idiomatic expressions used in beginning language programs in FLES and Level I and in simple reading materials. The words in the English listing have been checked with the first thousand most frequently used words on the *Thorndike-Lorge Frequency List* as well as with a survey of words and expressions used by beginning students and words found in juvenile and adolescent literature. Both listings should be helpful in the development of new curricula, in test construction, and in the writing of new textbooks and readers for beginners in language study.

USE OF PICTURES

An important component of this dictionary is the use of pictures throughout the book. Pictures are used widely in foreign language and English as a second language classes for a number of reasons. First, they are used for presentation of new work in order to establish direct meaning for the students, without interference by the native language. It must be remembered, however, that pictures that convey exact meaning are not always feasible, and this is why not every word listed in the dictionary has an accompanying picture. A second use of pictures at this level is as a cue to conversation after a dialogue has been learned. Pictures are also used for review of materials learned previously. Therefore, pupils who have had extensive practice in associating pictures with meanings in the foreign language will be able to use this dictionary with ease. Pictures are also used in connection with reading passages to help promote comprehension of the written language. Finally, pictures are used in many second language tests involving speaking ability and reading and listening comprehension.

The pictures used in this dictionary have been developed with the following basic principles in mind: The picture should

1. be clear enough to convey meaning.
2. be attractive and eye-catching.
3. be simple and uncluttered.
4. reflect cultural authenticity, wherever possible.
5. present a variety of real-life situations for students in order to make the study of foreign language relevant.
6. reflect the ethnic, economic and cultural diversity of today's world.
7. promote intercultural harmony.

SPECIAL FEATURES

The dictionary has a number of unique features.

1. The controlled vocabulary and idiomatic listings make it highly usable for beginners because they are not overwhelmed by too many words, explanations, and definitions. Other dictionaries of this type have tended to discourage beginners from consulting them because the definitions have all been in Spanish or English.
2. The pronunciation key,* pictures, definitions, and sentences in Spanish and English will aid the student in using this dictionary independently. The use of both languages will facilitate understanding and will promote activities of exploration and self-instruction.
3. The selection of words and idiomatic expressions has been based on frequency lists, content of courses, and reading materials at the beginning language student's level and on the natural interests of young people. It should be noted that current words have been included to appeal to expanding interests and experiences.
4. Several special sections have been included to extend the

interests of students of Spanish and English. Among these are:

a. personal names in Spanish and English
b. classroom expressions in Spanish and English
c. parts of speech in Spanish and English
d. numbers 1-100 in Spanish and English
e. days of the week, months of the year in Spanish and English
f. Spanish verb supplement
g. map of principal areas where Spanish is spoken

This dictionary should have appeal both to children and adults. It will be useful as a supplementary book to be distributed to beginners studying Spanish or English. Placed in the language section of the school library and in the public library, it will engage the attention of many people looking for intellectual stimulation. The language teacher will no doubt wish to have a desk copy for the preparation of class and homework activities, while other classroom teachers who may not have a knowledge of Spanish will enjoy having a desk copy in order to keep abreast of Spanish vocabulary and expressions. For use and pleasure, the dictionary will be suitable as part of a student's personal book collection at home.

It is hoped that this beginner's dictionary will lead the student to higher levels of Spanish-English or English-Spanish study by providing a solid yet ever-broadening base for language activities.

---

*The *phonemic* alphabet is based on a comparative analysis of English and Spanish sounds; it uses only Roman letters, with minimal modifications. In contrast, the International Phonetic Alphabet is based on a comparison of several languages and uses some arbitrary symbols. It has been the experience of the authors that a *phonemic* alphabet is most helpful to beginners, who need assurance in the pronunciation of a new language. The goal is to provide the beginning language student with an immediate tool for communication. As he or she continues to study and to use the language, greater refinements in vocabulary, structure, and pronunciation will be developed.

HOW TO USE THIS DICTIONARY

The dictionary contains approximately 1300 entries in the Spanish-English vocabulary listing and an equal number of English words and expressions in the English-Spanish vocabulary listing. Each Spanish entry consists of the following:

1. Spanish word
2. phonemic transcription
3. part of speech
4. English definition(s)
5. use of word in Spanish sentence
6. English translation of Spanish sentence

Each English entry consists of the following:

1. English word
2. phonemic transcription
3. part of speech
4. Spanish definition(s)
5. use of word in English sentence
6. Spanish translation of English sentence

In addition, many word entries in both the English and Spanish sections include an illustration.

TO FIND THE MEANING OF A SPANISH WORD OR EXPRESSION

To find the meaning in English of a Spanish word, look through the alphabetical Spanish-English listing for the word or expression and the above-mentioned information about the word.

TO FIND THE SPANISH EQUIVALENT OF AN ENGLISH WORD OR EXPRESSION

To find the meaning in Spanish of an English word, look through the alphabetical English-Spanish listing for the word or expression, and the above-mentioned information about the word.

CAUTION: Some words have more than one meaning. Read the entry carefully to determine the most suitable equivalent.

TO FIND VERB FORMS

Special mention should be made of the treatment of verbs in this dictionary. Since only the present tense is used actively in most beginning language programs, verb forms only in the present tense have been included, except for past participles used as adjectives and the conditional of *gustar*. For regular verbs, only the infinitive is listed, with all the forms of the verb in the present tense included in the entry. There is no cross-listing of the forms of regular verbs. For some irregular verbs, each form of the present tense is given (first, second and third persons, singular and plural) in a separate listing with cross-reference to the infinitive. Here, too, under the infinitive listing, all the forms of the verb in the present tense are included in the entry.

NOTE: The "vosotros" form of the verb has been included in parentheses for each complete listing of verbs; it should be noted that the use of this form is limited outside of Spain.

All forms of selected irregular verbs also appear in the Spanish verb supplement.

ALPHABETICAL LISTING

In the Spanish-English listing, words beginning with *CH* follow the listings for *C;* words beginning with *LL* follow the listings for *L;* in the English-Spanish listing, all words are in alphabetical order.

SPANISH PRONUNCIATION KEY
(for English speakers)

NOTES

1. Many Spanish sounds do not have an exact English equivalent. The phonemic symbols are approximate and will assist the beginning Spanish student as he or she encounters new words and phrases.
2. The Spanish-American pronunciation is used throughout the dictionary.
3. Capital letters in the phonemic symbols indicate the syllable which receives the emphasis. For example,

den-TEES-ta

4. Beginning Spanish students should be particularly careful of the pronunciation of Spanish vowels. Spanish vowels are sharper, clearer, and less drawn out than English vowels.
5. In order to give the beginning Spanish student greater confidence, some of the refinements of Spanish pronunciation have not been indicated, such as intervocalic "d." These will be easily acquired with further study and listening to spoken Spanish.

VOWELS

Spanish Spelling	Spanish Example	Phonemic Symbol	Sounds something like English word
a	la	a	father
e	pero	e	pet
i, y	disco y	ee	keep
o	oficina	o	open
u	útil	u	too
ie	cierto	ye	yesterday
ei	seis	ay	say
ai	bailar	aee	fight

CONSONANTS

Spanish Spelling	Phonemic Symbol in this Dictionary
b, v	b
c + a, o, u	k (as in *kitten*)
c + e, i	s (as in *sit*)
ch	ch
d	d
f	f
g + a, o, u	g (as in *go*)
g + e, i	j (like the *h* in *house)*
gu + e, i	g (as in *go*)
h (silent)	—
j	j (like the *h* in *house*)
k	k
l	l
ll	ly (as in *million*) (or *y* for pronunciation in Southwestern U.S. and most of western hemisphere)
m	m
n	n
ñ	ny (as in *onion*)
p	p
qu	k
r	r
rr	rr (strong rolling sound)
s	s
t	t
v	b
x	ks, gs
y	y (as in *yellow*)
z	s

ESPAÑOL-INGLÉS
SPANISH-ENGLISH

A

a **A**   preposition   at, in, to
  Ellos van a México.
  They are going to Mexico.

---

a la derecha a-la-de-RE-cha   preposition   to the right
  El auto dobla a la derecha.
  The car turns to the right.

---

a la izquierda a-la-is-KYER-da   to the left
  Enrique se sienta a la izquierda de Carlos.
  Henry sits to the left of Charles.

---

el abanico a-ba-NEE-co   noun, masc.   fan
  Usa el abanico porque hace calor.
  She uses the fan because it's hot.

---

la abeja a-BE-ja   noun, fem.   bee
  A la abeja le gustan las flores.
  The bee likes flowers.

---

abierto a-BYER-to   adjective, masc.   open
  abierta (fem.)
  La caja está abierta.
  The box is open.

---

el abogado a-bo-GA-do   noun, masc.   lawyer
  Mi papá es abogado.
  My father is a lawyer.

abril   A-BREEL   noun, masc.   April
En abril llueve mucho.
It rains a lot in April.

abrir   A-BREER   verb   to open
Yo abro   Nosotros abrimos
Tú abres   (Vosotros abrís)
Él, Ella, Usted   Ellos, Ellas, Ustedes
  abre   abren
Marcos abre la puerta.
Mark opens the door.

la abuela   a-BUE-la   noun, fem.   grandmother
La abuela prepara la comida.
The grandmother prepares the food.

el abuelo   a-BUE-lo   noun, masc.   grandfather
Mi abuelo va a la pesca.
My grandfather goes fishing.

acabar de   a-ka-BAR-de   idiomatic   to have just
expression
Yo acabo   Nosotros acabamos
Tú acabas   (Vosotros acabáis)
Él, Ella, Usted   Ellos, Ellas, Ustedes
  acaba   acaban
El acaba de tomar un refresco.
He just had a drink.

---

el aceite a-SAY-te   noun, masc.   oil
  El motor necesita aceite.
  The motor needs oil.

---

la acera a-SE-ra   noun, fem.   sidewalk
  Ellos caminan por la acera.
  They walk along the sidewalk.

---

acompañar a-com-pa-NYAR   verb .   to go along,
                                                to accompany
  Yo acompaño   Nostros acompañamos
  Tú acompañas   (Vosotros acompañáis)
  Él, Ella, Usted   Ellos, Ellas, Ustedes
    acompaña   acompañan
  El muchacho acompaña a su hermana.
  The boy accompanies his sister.

---

acostarse a-kos-TAR-se   verb   to go to bed
  Yo me acuesto   Nosotros nos acostamos
  Tú te acuestas   (Vosotros os acostáis)
  Él, Ella, Usted   Ellos, Ellas, Ustedes
    se acuesta   se acuestan
  Los niños se acuestan a las nueve.
  The children go to bed at nine.

---

el acuario a-KUA-reeo   noun, masc.   aquarium
  Hay peces en el acuario.
  There are fish in the aquarium.

---

adiós a-DEEOS   interjection   Good-bye
  El papá dice "adiós."
  The father says "Good-bye."

---

adivinar a-dee-bee-NAR   verb   to guess
  Yo adivino   Nosotros adivinamos
  Tú adivinas   (Vosotros adivináis)
  Él, Ella, Usted   Ellos, Ellas, Ustedes
    adivina   adivinan

3

Adivina lo que traigo.
Guess what I have.

---

adrede   a-DRE-de   adverb   on purpose
El niño rompe el vaso adrede.
The boy breaks the glass on purpose.

---

la aeromoza   ae-ro-MO-sa   noun, fem.   airline stewardess
La aeromoza ayuda a los pasajeros.
The airline stewardess helps the passengers.

---

el aeropuerto   ae-ro-PUER-to   noun, masc.   airport
El avión sale del aeropuerto.
The plane leaves the airport.

---

afuera   a-FUE-ra   adverb   outside
El jardín está afuera.
The garden is outside.

---

agosto   a-GOS-to   noun, masc.   August
Su cumpleaños es en agosto.
Her birthday is in August.

---

agradable   a-gra-DA-ble   adjective   pleasant, nice
Mi maestra es agradable.
My teacher is nice.

agua   A-gua   noun, fem.   water
Tengo sed. Dame agua.
I'm thirsty. Give me some water.

---

la aguja   a-GU-ja   noun, fem.   needle
La señora usa la aguja para coser.
The lady uses the needle to sew.

ahora   a-O-ra   adverb   now
Ahora no podemos ir.
We can't go now.

ahorrar   a-o-RRAR   verb   to save
Yo ahorro   Nosotros ahorramos
Tú ahorras   (Vosotros ahorráis)
Él, Ella, Usted   Ellos, Ellas, Ustedes
  ahorra   ahorran
Juan ahorra su dinero.
John saves his money.

el ala   A-la   noun, fem.   wing
las alas
El pájaro usa las alas para volar.
The bird uses his wings to fly.

la alberca   al-BER-ka   noun, fem.   pool
Roberto nada en la alberca. (la piscina)
Robert swims in the pool.

la alcancía   al-kan-SEE-a   noun, fem.   (piggy) bank
Eloísa guarda el dinero en su alcancía.
Eloise keeps the money in her bank.

alegre   a-LE-gre   adjective   cheerful, gay, glad
Hoy los niños están alegres.
The children are cheerful today.

algo   AL-go   pronoun, masc.   something
Hay algo en la caja.
There is something in the box.

el algodón   al-go-DON   noun, masc.   cotton
El vestido es de algodón.
The dress is made of cotton.

alguien   AL-gyen   pronoun   someone
Alguien está en la puerta.
Someone is at the door.

algunas veces   al-GU-nas-BE-ses   adverb   sometimes
Algunas veces vamos al parque zoológico.
Sometimes we go to the zoo.

alrededor   al-rre-de-DOR   adverb   around
El jardín está alrededor de la casa.
The garden is around the house.

el alumno a-LUM-no   noun, masc.   pupil
  la alumna (fem.)
El alumno hace la lección en clase.
The pupil does his lesson in class.

allá   a-LYA, a-YA   adverb   down there, over there
Allá está el avión.
The plane is over there.

allí   a-LYEE, a-YEE   adverb   there
Tu libro está allí.
Your book is there.

amar   a-MAR   verb   to love
Yo amo   Nosotros amamos
Tú amas   (Vosotros amáis)
Él, Ella, Usted   Ellos, Ellas, Ustedes
  ama   aman
Mi mamá ama a mi papá.
My Mom loves my Dad.

la ambulancia   am-bu-LAN-seea   noun, fem.   ambulance

La ambulancia va al hospital.
The ambulance is going to the hospital.

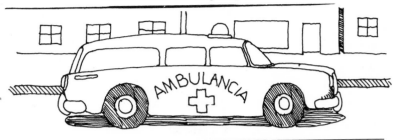

---

americano   a-me-ree-KA-no   adjective, masc.   American
americana   (fem.)
      Mi maestro es americano de los Estados Unidos.
      My teacher is an American from the United States.

---

el amigo   a-MEE-go   noun, masc.   friend, chum
la amiga   (fem.)
      El amigo de Ricardo está en la piscina
      (la alberca).
      Richard's friend is in the pool.

---

anaranjado   a-na-ran-JA-do   adjective, masc.   orange
anaranjada   (fem.)
color de naranja
      Su camisa es anaranjada.
      His shirt is orange.

---

ancho   AN-cho   adjective, masc.   wide
ancha   (fem.)
      La calle es muy ancha.
      The street is very wide.

---

andar   an-DAR   verb   to go, to walk

Yo ando	Nosotros andamos
Tú andas	(Vosotros andáis)
Él, Ella, Usted anda	Ellos, Ellas, Ustedes andan

andar a caballo   idiomatic   to go horseback riding
                      expression
> Cada domingo anda a caballo.
> Every Sunday he goes horseback riding.

andar en bicicleta,
montar en bicicleta   to go bicycle riding
> Le gusta montar en bicicleta.
> She likes to go bicycle riding.

el anillo a-NEE-lyo, a-NEE-yo   noun, masc.   ring
> ¡Qué anillo tan bonito!
> What a beautiful ring!

el aniversario a-nee-ber-SA-reeo noun, masc.   anniversary
> Mis padres celebran su aniversario.
> My parents are celebrating their anniversary.

la antena de televisión   television antenna
      an-TE-na-de-te-le-bee-SEEON   noun, fem.
> Las casas tienen antenas de televisión.
> The houses have television antennas.

antes   AN-tes   preposition   before
> Antes de mirar la televisión, hay que hacer
> las tareas.

> Before watching television, we have to do
> our homework.

el año   A-nyo   noun, masc.   year

Roberto tiene quince años.
Robert is fifteen years old.

---

apagar   a-pa-GAR   verb   to turn off

Yo apago	Nosotros apagamos
Tú apagas	Vosotros apagáis
Él, Ella, Usted	Ellos, Ellas, Ustedes
apaga	apagan

El papá apaga la luz.
The father turns off the light.

---

el aparador   a-pa-ra-DOR   noun, masc.   store window
Hay ropa en el aparador. (la vitrina)
There are clothes in the store window.

---

el aparato de televisión   television set
a-pa-RA-to-de-te-le-bee-SEEON   noun, masc.
El aparato de televisión es moderno.
The television set is modern.

---

el apartamento   a-par-ta-MEN-to   noun, masc.   apartment
Ellos viven en un apartamento cerca
de la escuela.
They live in an apartment near the school.

---

el apetito   a-pe-TEE-to   noun, masc.   appetite
Mi hermano come con buen apetito.
By brother has a good appetite.

---

el apio   A-peeo   noun, masc.   celery
Me gusta el apio en la ensalada.
I like celery in the salad.

---

aprender   a-pren-DER   verb   to learn

Yo aprendo	Nosotros aprendemos
Tú aprendes	(Vosotros aprendéis)
Él, Ella, Usted	Ellos, Ellas, Ustedes
aprende	aprenden

Se va a la escuela a aprender.
One goes to school to learn.

---

apretado   a-pre-TA-do   adjective, masc.   tight
  apretada   (fem.)
El saco está apretado.
The coat (jacket) is tight.

---

aquí   a-KEE   adverb   here
Aquí están los zapatos.
The shoes are here.

aquí tiene   idiomatic   here is, are
expression
Aquí tiene usted su paquete.
Here is your package.

---

la araña   a-RA-nya   noun, fem.   spider
Hay una araña en la pared.
There is a spider on the wall.

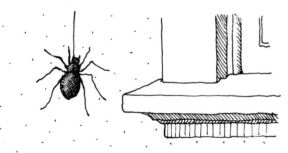

el árbol   AR-bol   noun, masc.   tree
El árbol tiene muchas ramas.
The tree has many branches.

---

el arco iris   AR-co-EE-rees   noun, masc.   rainbow
El arco iris tiene muchos colores.
The rainbow has many colors.

---

la arena   a-RE-na   noun, fem.   sand
En la playa hay arena.
There is sand on the beach.

---

el armario   ar-MA-reeo   noun, masc.   cupboard
Los platos hondos están en el armario.
The bowls are in the cupboard.

---

arrancar(se) a-rran-KAR-se   verb   to take out, pull out
El camión arranca el árbol.
The truck pulls the tree out.

---

arrastrar   a-rras-TRAR   verb   to drag

Yo arrastro	Nosotros arrastramos
Tú arrastras	(Vosotros arrastráis)
Él, Ella, Usted	Ellos, Ellas, Ustedes
arrastra	arrastran

David arrastra un costal.
David drags a sack.

---

arreglar   a-rre-GLAR   verb   to repair

Yo arreglo	Nosotros arreglamos
Tú arreglas	(Vosotros arregláis)
Él, Ella, Usted	Ellos, Ellas, Ustedes
arregla	arreglan

El trabajador arregla la máquina.
The worker repairs the machine.

---

arrestar   a-rres-TAR   verb   to arrest

Yo arresto	Nosotros arrestamos
Tú arrestas	(Vosotros arrestáis)
Él, Ella, Usted	Ellos, Ellas, Ustedes
arresta	arrestan

El policía arresta a los ladrones.
The policeman arrests the robbers.

---

arriba   a-RREE-ba   adverb   upstairs
  Mi recámara está arriba.
  My bedroom is upstairs.

---

arrollar   a-rro-LYAR, a-rro-YAR   verb   to roll
  Yo arrollo   Nosotros arrollamos
  Tú arrollas   (Vosotros arrolláis)
  Él, Ella, Usted   Ellos, Ellas, Ustedes
    arrolla   arrollan
  Los muchachos arrollan los periódicos.
  The boys are rolling the newspapers.

---

el arroz   a-ROS   noun, masc.   rice
  Me gusta el arroz con pollo.
  I like rice with chicken.

---

así   a-SEE   adverb   this way, so
  Así comen los españoles.
  The Spanish eat this way.

---

el asiento   a-SYEN-to   noun, masc.   seat
  Este asiento es para usted.
  This seat is for you.

---

asistir   a-sees-TEER   verb   to attend
  Yo asisto   Nosotros asistimos
  Tú asistes   (Vosotros asistís)
  Él, Ella, Usted   Ellos, Ellas, Ustedes
    asiste   asisten

Los padres asisten a las reuniones de la escuela.
The parents attend the school meetings.

---

la aspiradora   as-pee-ra-DO-ra   noun, fem.   vacuum
                                                                            cleaner
La aspiradora limpia la alfombra.
The vacuum cleaner cleans the rug.

---

el astronauta   as-tro-NAU-ta   noun, masc.   astronaut
El astronauta es muy valiente.
The astronaut is very courageous.

---

astuto   as-TU-to   adjective, masc.   cunning
   astuta   (fem.)
Es un hombre astuto.
He is a cunning man.

---

atreverse   a-tre-BER-se   verb   to dare
   Yo me atrevo   Nosotros nos atrevemos
   Tú te atreves   (Vosotros os atrevéis)
   Él, Ella, Usted se   Ellos, Ellas,Ustedes se
      atreve   atreven
   ¿Quién se atreve a subir el árbol?
   Who dares to climb the tree?

---

ausente   au-SEN-te   adjective   absent
   ¿Quién está ausente hoy?
   Who is absent today?

---

el autobús   au-to-BUS   noun, masc.   bus
   Rafael toma el autobús a las siete de la mañana.
   Ralph takes the bus at seven A.M.

---

el automóvil   au-to-MO-beel   noun, masc.   automobile
   Acaban de comprar un automóvil.
   They have just bought an automobile.

---

la avenida   a-be-NEE-da   noun, fem.   avenue

El edificio está cerca de la avenida Madero.
The building is near Madero Avenue.

la aventura   a-ben-TU-ra   noun, fem.   adventure
María cuenta su aventura.
Mary is telling her adventure.

---

avergonzarse   a-ber-gon-SAR-se   verb   to be ashamed
Yo me avergüenzo   Nosotros nos avergonzamos
Tú te avergüenzas   (Vosotros os avergonzáis)
Él, Ella, Usted   Ellos, Ellas, Ustedes
  se avergüenza   se avergüenzan
Se avergüenza cuando no hace la tarea.
He is ashamed when he does not do his homework.

---

el avión   a-BEEON   noun, masc.   plane
El avión se despega del aeropuerto.
The plane takes off from the airport.

el avión a chorro   noun, masc.   jet airplane
El avión a chorro es muy rápido.
The jet airplane is very rapid.

¡ay!   AEE   interjection   (Alas!), Oh!
¡Ay! La hora llega.
Oh! The hour is here.

---

ayer   a-YER   adverb   yesterday
En el refrigerador hay comida de ayer.
There is food from yesterday in the refrigerator.

---

ayudar a-yu-DAR   verb   to help
    Yo ayudo   Nosotros ayudamos
    Tú ayudas   (Vosotros ayudáis)
    Él, Ella, Usted   Ellos, Ellas, Ustedes
      ayuda   ayudan
    Los señores en la ambulancia van a ayudar.
    The men in the ambulance are going to help.

---

el azúcar a-SU-car   noun, masc.   sugar
    El azúcar es dulce.
    Sugar is sweet.

---

azul a-SUL   adjective   blue
    A veces el cielo está azul.
    Sometimes the sky is blue.

B

bailar baee-LAR   verb   to dance
    Yo bailo   Nosotros bailamos
    Tú bailas   (Vosotros bailáis)
    Él, Ella, Usted   Ellos, Ellas, Ustedes
      baila   bailan
    Me gusta bailar.
    I like to dance.

---

bajar ba-JAR   verb   to go down
    Yo bajo   Nosotros bajamos
    Tú bajas   (Vosotros bajáis)
    Él, Ella, Usted   Ellos, Ellas, Ustedes
      baja   bajan
    Ellos bajan por la escalera.
    They go down the stairway.

---

bajo BA-jo   adjective, masc.   low
  baja (fem.)
    El techo es bajo.
    The roof is low.

---

bañarse   ba-NYAR-se   verb   to take a bath

Yo me baño   Nosotros nos bañamos
Tú te bañas   (Vosotros os bañais)
Él, Ella, Usted   Ellos, Ellas, Ustedes
    se baña   se bañan

En casa nos bañamos por la noche.
At home we take a bath at night.

el baño   BA-nyo   noun, masc.   bath

Ella está en el baño ahora.
She is in the bath now.

el baño de regadera   noun, masc.   shower

Mi papá prefiere el baño de regadera.
My father prefers the shower.

el baño de sol   noun, masc.   sunbath

Juanita toma un baño de sol en el patio.
Juanita takes a sunbath on the patio.

barato   ba-RA-to   adjective,masc.   cheap
   barata   (fem.)

Es un juguete barato.
It is a cheap toy.

la barba   BAR-ba   noun, fem.   beard, chin

Santa Claus tiene una barba blanca.
Santa Claus has a white beard.

el barco   BAR-co   noun, masc.   boat
    Ellos pasean en el barco.
    They take a ride in the boat.

el básquetbol   BAS-ket-bol   noun, masc.   basketball
    A mi hermano le gusta jugar al básquetbol.
    My brother likes to play basketball.

el bebé   be-BE   noun, masc.   baby
    El bebé de mi tía llora mucho.
    My aunt's baby cries a lot.

el béisbol   BAYS-bol   noun, masc.   baseball
    El béisbol es mi deporte favorito.
    Baseball is my favorite sport.

bello   BE-lyo, BE-yo   adjective,masc.   beautiful
  bella   (fem.)
    El jardín es bello.
    The garden is beautiful.

el beso   BE-so   noun, masc.   kiss
    La madre le da un beso al hijo.
    The mother gives her son a kiss.

la biblioteca   bee-bleeo-TE-ka   noun, fem.   library
    En la biblioteca hay libros de toda clase.
    There are all kinds of books in the library.

la bicicleta   bee-see-KLE-ta   noun, fem.   bicycle
    La bicicleta tiene dos ruedas.
    The bicycle has two wheels.

bien   BYEN   adjective   all right
    ¡Está bien! Juan puede jugar.
    It's all right. Juan can play.

bien BYEN   adverb   well
         Jorge escribe bien.
         George writes well.

  bien hecho   adverb   Well done!
         El trabajo está bien hecho.
         The work is well done.

el bistek bees-TEK   noun, masc.   beefsteak
         Siempre ordena un bistek en el restaurante.
         He always orders a beefsteak in the restaurant.

blanco BLAN-ko   adjective, masc.   white
  blanca   (fem.)
         El coche es blanco.
         The car is white.

la boca BO-ka   noun, fem.   mouth
         Se come con la boca.
         One eats with his mouth.

la bola BO-la   noun, fem.   doorknob
  (para abrir una puerta)
         Usa la bola de la puerta para abrirla.
         Use the doorknob to open the door.

el boleto bo-LE-to   noun, masc.   ticket
         ¿Tiene Ud. un boleto?
         Do you have a ticket?

la bolsa BOL-sa   noun, fem.   purse, pocket
         La señora pone el dinero en la bolsa.
         The lady puts the money in her purse.

  la bolsa de mano   noun, fem.   handbag
         Su bolsa de mano está en el ropero.
         Her handbag is in the closet.

---

el bolsillo   bol-SEE-lyo, bol-SEE-yo   noun, masc.   pocket
Hay un bolsillo dentro del saco.
There is a pocket inside the coat (jacket).

---

el bombero   bom-BE-ro   noun, masc.   fireman
Los bomberos están en el camión.
The firemen are on the truck.

---

bonito   bo-NEE-to   adjective,masc.   pretty
bonita   (fem.)
El vestido es muy bonito.
The dress is very pretty.

---

el borrador   bo-rra-DOR   noun, masc.   eraser
El borrador del lápiz es de hule.
The pencil eraser is made of rubber.

---

borrar   bo-RRAR   verb   to erase

Yo borro	Nosotros borramos
Tú borras	(Vosotros borráis)
Él, Ella, Usted	Ellos, Ellas, Ustedes
borra	borran

La maestra borra la pizarra.
The teacher erases the chalkboard.

---

el bosque   BOS-ke   noun, masc.   forest
Hay muchos árboles en el bosque.
There are many trees in the forest.

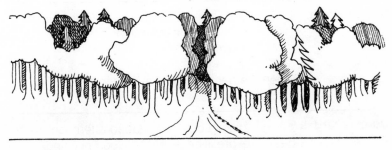

la botella bo-TE-lya, bo-TE-ya   noun, fem.   bottle
La botella de agua está en el refrigerador.
The bottle of water is in the refrigerator.

la botica bo-TEE-ka   noun, fem.   drugstore
La señora va a la botica para comprar medicina.
The lady goes to the drugstore to buy medicine.

el botón bo-TON   noun, masc.   button
El saco tiene un botón grande.
The coat (jacket) has a large button.

¡Bravo! BRA-bo   interjection   Hurrah!
¡Bravo! Acaba de sacar una buena nota.
Hurrah! He just got a good grade.

brincar breen-KAR   verb   to jump
Yo brinco	Nosotros brincamos
Tú brincas	(Vosotros brincáis)
Él, Ella, Usted	Ellos, Ellas, Ustedes
brinca	brincan

No brincamos en la sala de clase.
We do not jump in the classroom.

brincar la cuerda   idiomatic   to jump rope
expression
Nos gusta brincar la cuerda.
We like to jump rope.

Buena suerte bue-na-SUER-te   idiomatic   Good luck!
expression
Cuando el juego comienza, todos dicen
"¡Buena suerte!"
When the game begins, everyone says
"Good luck!"

Buenas tardes   idiomatic   Good afternoon,
bue-nas-TAR-des   expression   Good evening

Los niños dicen a la maestra "Buenas tardes."
The children say "Good afternoon" to the teacher.

Buenos días bue-nos-DEE-as   idiomatic   Good morning
                                  expression

Cuando nos despertamos decimos "Buenos
    días."
When we wake up, we say "Good morning."

---

el bulevar bu-le-VAR   noun, masc.   boulevard

El desfile es en el bulevar de San Miguel.
The parade is on St. Michael's Boulevard.

---

el buque BU-ke   noun, masc.   ship

Es un buque de guerra.
It is a war ship.

---

buscar bus-KAR   verb   to look for

Yo busco   Nosotros buscamos
Tú buscas   (Vosotros buscáis)
Él, Ella, Usted   Ellos, Ellas, Ustedes
    busca   buscan
Yo busco mi lápiz amarillo.
I am looking for my yellow pencil.

---

el buzón bu-SON   noun, masc.   mailbox

El cartero deja la carta en el buzón.
The mailman leaves the letter in the mailbox.

C

---

la cabeza ka-BE-sa   noun, fem.   head

Le duele la cabeza a ella.
She has a headache.

---

el cacahuate ka-ka-UA-te   noun, masc.   peanut
(el cacahuete)

Cuando vamos al juego de béisbol, comemos
    cacahuetes.

When we go to the baseball game, we eat
peanuts.

---

cada KA-da adjective each
Cada alumno tiene que tocar un instrumento.
Each pupil has to play an instrument.

cada uno pronoun, masc. everyone
Cada uno va a hacer su parte.
Everyone is going to do his part.

---

caer ka-ER verb to fall
El vaso va a caer en el suelo.
The glass is going to fall on the ground.

caerse verb to fall, to fall down

Yo me caigo	Nosotros nos caemos
Tú te caes	(Vosotros vos caéis)
El, Ella, Usted	Ellos, Ellas, Ustedes
se cae	se caen

El bebé se cae de la cama.
The baby falls from the bed.

---

el café ka-FE noun, masc. coffee
A mis padres les gusta el café.
My parents like coffee.

---

la caída ka-EE-da noun, masc. fall
La caída de la nieve es bonita.
The snowfall is pretty.

---

la caja KA-ja noun, fem. box
¿Es una caja de dulces?
Is it a box of candy?

la caja para dinero noun, masc. money box

---

el cajón ka-JON noun, masc. box; drawer
Pongan los peines en el cajón.

Put the combs in the drawer.

---

la calabaza ka-la-BA-sa   noun, fem.   pumpkin
En octubre mamá hace pastel de calabaza.
Mother makes pumpkin pie in October.

---

el calcetín kal-se-TEEN   noun, mas.   sock
los calcetines (plu.)
En invierno llevo calcetines gruesos.
I wear thick socks in winter.

---

el calendario ka-len-DA-reeo   noun, masc.   calendar
El calendario indica los meses del año.
The calendar indicates the months of the year.

---

caliente ka-LYEN-te   adjective   hot
La sopa está caliente.
The soup is hot.

---

calmado kal-MA-do   adjective,masc.   calm
calmada (fem.)
Ya no hace viento. El día está calmado.
It is not windy anymore. The day is calm.

---

la calle KA-lye, KA-ye   noun, fem.   street
Yo vivo en esa calle.
I live on that street.

---

la cama KA-ma   noun, fem.   bed
El niño duerme en su cama.
The boy is sleeping in his bed.

la cámara   KA-ma-ra   noun, fem.   camera
El toma (saca) una foto con su cámara.
He takes a picture with his camera.

el cambio   KAM-beeo   noun, masc.   change
No traigo cambio en la bolsa.
I don't have change in my pocket.

caminar   ka-mee-NAR   verb   to walk
Yo camino   Nosotros caminamos
Tú caminas   (Vosotros camináis)
Él, Ella, Usted   Ellos, Ellas, Ustedes
    camina   caminan
Mis abuelos tienen que caminar todos los días.
My grandparents have to walk everyday.

el camino   ka-MEE-no   noun, masc.   highway, road
El camión va por el camino.
The truck is going down the highway.

el camión   ka-MEEON   noun, masc.   truck
El camión es rojo.
The truck is red.

el camión de bomberos   noun, masc.   fire truck

la camisa   ka-MEE-sa   noun, fem.   shirt
La camisa es de muchos colores.
The shirt is of many colors.

el campo   KAM-po   noun, masc.   camp, field, country
Hay muchas flores en el campo.
There are many flowers in the country.

el campo de recreo   noun, masc.   playground
Ellos juegan al fútbol en el campo de recreo.
They are playing football in the playground.

---

la canasta   ka-NAS-ta   noun, fem.   basket
  el canasto   (masc.)
               Hay fruta en la canasta
               There is fruit in the basket.

---

la canción   kan-SEEON   noun, fem.   song
               Cante usted una canción en español, por favor.
               Please sing a song in Spanish.

---

el canguro   kan-GU-ro   noun, masc.   kangaroo
               En el zoológico hay un canguro recién nacido.
               There is a newborn kangaroo at the zoo.

---

cansado   kan-SA-do   adjective, masc.   tired
  cansada   (fem.)
               Mamá está muy cansada.
               Mother is very tired.

---

cantar   kan-TAR   verb   to sing
               Yo canto   Nosotros cantamos
               Tú cantas   (Vosotros cantáis)
               Él, Ella, Usted   Ellos, Ellas, Ustedes
                 canta   cantan
               ¿Sabes cantar?
               Do you know how to sing?

---

la capital   ka-pee-TAL   noun, fem.   capital

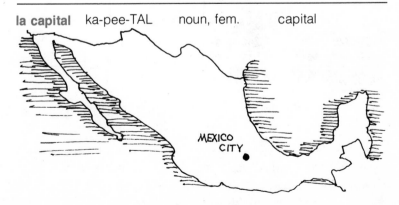

MEXICO
CITY

> La Ciudad de Mexico es la capital de Mexico.
> Mexico City is the capital of Mexico.

---

capturar   kap-tu-RAR   verb   to capture

Yo capturo	Nosotros capturamos
Tú capturas	(Vosotros capturáis)
El, Ella, Usted	Ellos, Ellas, Ustedes
captura	capturan

El policía captura al ladrón.
The policeman captures the thief.

---

la cara   KA-ra   noun, fem.   face

Trae la cara sucia.
His face is dirty.

---

la carne   KAR-ne   noun, fem.   meat

Juan come mucha carne.
John eats a lot of meat.

---

la carnicería   kar-nee-se-REE-a   noun, fem.   butcher shop,
meat market

En la carnicería venden carne.
They sell meat in the meat market.

---

el carnicero   kar-nee-SE-ro   noun, masc.   butcher

El carnicero corta la carne.
The butcher cuts the meat.

---

caro   KA-ro   adjective, masc.   expensive
  cara   (fem.)

Es caro comer en el restaurante.
It is expensive to eat in the restaurant.

---

la carta   KAR-ta   noun, fem.   letter
El cartero lleva mis cartas.
The postman carries my letters.

---

el cartero   kar-TE-ro   noun, masc.   mailman, postman
El cartero siempre lleva el correo.
The mailman always carries the mail.

---

casi   KA-see   adverb   almost
Casi tiene doce años.
He is almost twelve years old.

---

castigar   kas-tee-GAR   verb   to punish
    Yo castigo   Nosotros castigamos
    Tú castigas   (Vosotros castigáis)
    El, Ella, Usted   Ellos, Ellas, Ustedes
      castiga   castigan
    Cuando los alumnos son traviesos, la maestra
    los castiga.
    When the children are naughty, the teacher
    punishes them.

---

el castillo   kas-TEE-lyo, kas-TEE-yo   noun, masc.   castle
La reina vive en el castillo.
The queen lives in the castle.

---

catorce   ka-TOR-se   adjective   fourteen
Hay catorce niñas y quince niños en la sala
de clase.
There are fourteen girls and fifteen boys in
the classroom.

---

la cebolla   se-BO-lya, se-BO-ya   noun, fem.   onion
A mí no me gusta la sopa de cebolla.
I don't like onion soup.

---

la cebra SE-bra   noun, fem.   zebra
La cebra es un animal blanco de rayas negras.
The zebra is a white animal with black stripes.

---

cepillar se-pee-LYAR, se-pi-YAR   verb   to brush
Yo cepillo   Nosotros cepillamos
Tú cepillas   (Vosotros cepilláis)
El, Ella, Usted   Ellos, Ellas, Ustedes
  cepilla   cepillan
El señor cepilla el saco.
The man brushes the jacket.

cepillarse   verb   to brush oneself
Me cepillo el pelo.
I brush my hair.

---

el cepillo se-PEE-lyo, se-PEE-yo   noun, masc.   brush
El cepillo está en el cajón.
The brush is in the drawer.

el cepillo de dientes   noun, masc.   toothbrush
Mi cepillo de dientes es verde.
My toothbrush is green.

el cepillo de pelo noun, masc.   hairbrush
El cepillo de pelo está sobre la mesa.
The hairbrush is on the table.

---

cerca de SER-ka-de   preposition   near

La silla está cerca de la mesa.
The chair is near the table.

---

la cereza se-RE-sa   noun, fem.   cherry
Me gusta mucho el pastel de cereza.
I like cherry pie very much.

---

el cerillo se-REE-lyo, se-REE-yo   noun, masc.   match
   la cerilla   ¿Tiene Ud. un cerillo?
Do you have a match?

---

el cero SE-ro   noun, masc.   zero
Si no haces el trabajo, la maestra escribe un cero
en tu papel.
If you don't do the work, the teacher writes a zero
on your paper.

---

cerrar se-RRAR   verb   to close
Yo cierro   Nosotros cerramos
Tú cierras   (Vosotros cerráis)
El, Ella, Usted   Ellos, Ellas, Ustedes
cierra   cierran
Cierran las puertas de la escuela a las cuatro.
They close the school doors at four o'clock.

---

ciego SYE-go   adjective, masc.   blind
   ciega (fem.)
Ese señor es ciego.
That man is blind.

---

el cielo SYE-lo   noun, masc.   sky
Hay muchas nubes en el cielo.
There are many clouds in the sky.

---

la ciencia SYEN-cea   noun, fem.   science
La lección trata de la ciencia.
The lesson is about science.

29

cierto SYER-to   adjective, masc.   certain, sure
  cierta (fem.)
                ¿Viene a cierta hora?
                Is he coming at a certain hour?

el cigarrillo see-ga-REE-lyo,   noun, masc.   cigarette
                see-ga-REE-yo
                No es bueno fumar cigarrillos.
                It is not good to smoke cigarettes.

cinco SEEN-ko   adjective   five
                Hay cinco personas en mi familia.
                There are five persons in my family.

cincuenta seen-KUEN-ta   adjective   fifty
                Hay cincuenta cosas en la tienda.
                There are fifty things in the store.

la cinta SEEN-ta   noun, fem.   ribbon
                Margarita lleva una cinta color de rosa en el pelo.
                Margaret is wearing a pink ribbon in her hair.

el cinto SEEN-to   noun, masc.   belt
                El vestido tiene un cinto negro.
                The dress has a black belt.

el circo SEER-ko   noun, masc.   circus
                El circo es muy divertido.
                The circus is very amusing.

el círculo SEER-ku-lo   noun, masc.   circle
                El círculo es redondo.
                The circle is round.

la ciudad seeu-DAD   noun, fem.   city
                Vivimos en una ciudad muy grande.

We live in a very large city.

---

claro KLA-ro   adjective, masc.   clear
  clara (fem.)
            El día está claro.
            The day is clear.

---

la clase KLA-se   noun, fem.   class
            Me gusta esta clase.
            I like this class.

---

el clavo KLA-bo   noun, masc.   nail
            La puerta necesita un clavo.
            The door needs a nail.

---

la cobija ko-BEE-ja   noun, fem.   blanket
            La cobija está en la cama.
            The blanket is on the bed.

---

el coche KO-che   noun, masc.   carriage, car
            La reina está en el coche.
            The queen is in the carriage.

  el coche del bebé   noun, masc.   baby carriage
            La muñeca está en el coche del bebé.
            The doll is in the baby carriage.

---

la cochera ko-CHE-ra   noun, fem.   garage
            El auto está en la cochera.
            The automobile is in the garage.

---

el cochino ko-CHEE-no   noun, masc.   pig
            El cochino siempre tiene hambre.
            The pig is always hungry.

---

la cocina ko-SEE-na   noun, fem.   kitchen
            Mamá prepara la comida en la cocina.
            Mother prepares the food in the kitchen.

---

cocinar ko-see-NAR   verb   to cook
            Yo cocino   Nosotros cocinamos
            Tú cocinas   (Vosotros cocináis)
            El, Ella, Usted   Ellos, Ellas, Ustedes
              cocina   cocinan
            ¿Quién cocina todos los días?
            Who cooks every day?

el cohete ko-E-te   noun, masc.   rocket
            El cohete viaja por el espacio.
            The rocket travels through space.

la col KOL   noun, fem.   cabbage
            Aquí sirven jamón y col.
            They serve cabbage and ham here.

la cola KO-la   noun, fem.   tail
            La cola del perro es corta.
            The dog's tail is short.

el color ko-LOR   noun, masc.   color
            ¿Cuál es tu color favorito?
            What is your favorite color?

  el color café   noun, masc.   brown
            Sus ojos son color café.
            Her eyes are brown.

el columpio ko-LUM-peeo   noun, masc.   swing
            Ella se divierte en el columpio.

She has fun on the swing.

---

el comedor ko-me-DOR   noun, masc.   dining room
La familia come en el comedor.
The family eats in the dining room.

---

la comida ko-MEE-da   noun, fem.   food, meal
La comida está en la mesa.
The food is on the table.

---

como KO-mo   conjunction; adverb   as
Ellos hacen como hacen los payasos.
They do as the clowns do.

¿Cómo?   KO-mo   interrogative How are you?
¿Cómo está? KO-mo-es-TA   adverb
¿Cómo estás?
¿Cómo está usted, señor Fernández?
How are you, Mr. Fernández?

---

cómodo KO-mo-do   adjective, masc.   comfortable
  cómoda (fem.)
El sillón es cómodo.
The chair is comfortable.

---

la compañía kom-pa-NYEE-a   noun, fem.   company
Esos señores son de la compañía de galletas.
Those men are from the cookie company.

---

compartir kom-par-TEER   verb   to share
Yo comparto   Nosotros compartimos
Tú compartes   (Vosotros compartís)
Él, Ella, Usted   Ellos, Ellas, Ustedes
  comparte   comparten
Vamos a compartir el pastel.
Let's share the pie.

---

comportarse kom-por-TAR-se   verb   to behave

Yo me comporto	Nosotros nos comportamos
Tú te comportas	(Vosotros os comportáis)
Él, Ella, Usted	Ellos, Ellas, Ustedes
comporta	comportan

Todo el mundo se comporta bien cuando la maestra está aquí.

Everyone behaves well when the teacher is here.

---

comprar   kom-PRAR   verb   to buy

Yo compro	Nosotros compramos
Tú compras	(Vosotros compráis)
Él, Ella, Usted	Ellos, Ellas, Ustedes
compra	compran

Se compra pan en la panadería.

One buys bread at the bakery.

---

con   KON   preposition   with

Yo paseo en bicicleta con mi prima.

I go bicycle riding with my cousin.

---

la concha   KON-cha   noun, fem.   shell

Vamos a la playa a buscar conchas.

Let's go to the beach to look for shells.

---

conducir   kon-du-SEER   verb   to drive

Yo conduzco	Nosotros conducimos
Tú conduces	(Vosotros conducís)
Él, Ella, Usted	Ellos, Ellas, Ustedes
conduce	conducen

Mi padre conduce un autobús.
My father drives a bus.

conducir un avión   verb   to fly a plane
El piloto conduce el avión sobre el océano.
The pilot flies the plane over the ocean.

---

el conductor kon-duk-TOR   noun, masc.   driver
El conductor del camión tiene mucho cuidado.
The truck driver is very careful.

---

el conejo ko-NE-jo   noun, masc.   rabbit
El conejo tiene los ojos color rosa.
The rabbit has pink eyes.

---

conocer ko-no-SER   verb   to know,
                                          to be acquainted

Yo conozco   Nosotros conocemos
Tú conoces   (Vosotros conocéis)
Él, Ella, Usted   Ellos, Ellas, Ustedes
  conoce   conocen
Nosotros conocemos la cuidad de Madrid.
We know the city of Madrid.

conocer a alguien   verb   to know someone
Yo conozco a Carmen.
I know Carmen.

---

la conserva kon-SER-ba   noun, fem.   preserves, jam
Nos gusta la conserva de fresa con pan.

We like strawberry jam on bread.

---

contar　kon-TAR　　　verb　　　　　　　　to count, to tell

Yo cuento	Nosotros contamos
Tú cuentas	(Vosotros contáis)
Él, Ella, Usted	Ellos, Ellas, Ustedes
cuenta	cuentan

Los niños pueden contar hasta ciento.
The children can count to one hundred.

---

contento　kon-TEN-to　　adjective, masc.　　　　　happy
contenta　(fem.)

Los alumnos están contentos porque van
al parque.
The pupils are happy because they are going
to the park.

---

continuar　kon-tee-NUAR　　verb　　　　to continue

Yo continúo	Nosotros continuamos
Tú continúas	(Vosotros continuáis)
Él, Ella, Usted	Ellos, Ellas, Ustedes
continúa	continúan

El cuento continúa en la página siguiente.
The story continues on the next page.

---

copiar　ko-PEEAR　　verb　　　　　　to copy

Yo copio	Nosotros copiamos
Tú copias	(Vosotros copiáis)
Él, Ella, Usted	Ellos, Ellas, Ustedes
copia	copian

Hay que copiar el trabajo de la pizarra.
We have to copy the work from the board.

---

el corazón　ko-ra-SON　　noun, masc.　　heart
José tiene un corazón fuerte.
Joe has a strong heart.

---

el cordón　kor-DON　　noun, masc.　　string

El cordón del papalote es largo.
The kite's string is long.

---

correcto   ko-RREK-to   adjective, masc.   correct, right
   correcta   (fem.)
           Las oraciones están correctas.
           The sentences are correct.

---

corregir   ko-rre-JEER   verb   to correct
        Yo corrijo   Nosotros corregimos
        Tú corriges   (Vosotros corregís)
        Él, Ella, Usted   Ellos, Ellas, Ustedes
          corrige   corrigen
        Los maestros corrigen el trabajo de la clase.
        The teachers correct the class work.

---

el correo   ko-RRE-o   noun, masc.   post office, mail
        Enrique va al correo a echar las cartas.
        Henry goes to the post office to mail the letters.

---

correr   ko-RRER   verb   to run
        Yo corro   Nosotros corremos
        Tú corres   (Vosotros corréis)
        Él, Ella, Usted   Ellos, Ellas, Ustedes
          corre   corren
        Los muchachos corren en el campo de recreo.
        The boys run in the playground.

---

cortar   kor-TAR   verb   to cut
        Yo corto   Nosotros cortamos
        Tú cortas   (Vosotros cortáis)
        Él, Ella, Usted   Ellos, Ellas, Ustedes
          corta   cortan
        El señor corta la hierba.
        The man cuts the grass.

---

cortés   kor-TES   adjective   courteous, polite
        María es muy cortés con los maestros.

Mary is very polite with teachers.

---

la cortina kor-TEE-na   noun, fem.   curtain
Las cortinas de mi recámara son blancas.
The curtains in my bedroom are white.

---

coser ko-SER   verb   to sew
Yo coso   Nosotros cosemos
Tú coses   (Vosotros coséis)
Él, Ella, Usted   Ellos, Ellas, Ustedes
cose   cosen

Mi tía cose mis pantalones.
My aunt is sewing my pants.

---

el costal kos-TAL   noun, masc.   sack
Es un costal de papas.
It is a sack of potatoes.

---

costar kos-TAR   verb   to cost
cuesta   It costs . . .
cuestan   They cost . . .
La ropa cuesta mucho.
Clothes cost a lot.

---

crecer kre-SER   verb   to grow
Yo crezco   Nosotros crecemos
Tú creces   (Vosotros crecéis)
Él, Ella, Usted   Ellos, Ellas, Ustedes
crece   crecen

Algunos niños crecen muy rápido.
Some children grow very fast.

---

creer   kre-ER   verb   to believe

Yo creo	Nosotros creemos
Tú crees	(Vosotros creéis)
Él, Ella, Usted	Ellos, Ellas, Ustedes
cree	creen

Yo no creo esa historia.
I don't believe that story.

---

la criada   kree-A-da   noun, fem.   maid

La criada plancha la ropa.
The maid irons the clothes.

---

cruzar   kru-ZAR   verb   to cross

Yo cruzo	Nosotros cruzamos
Tú cruzas	(Vosotros cruzáis)
Él, Ella, Usted	Ellos, Ellas, Ustedes
cruza	cruzan

Juan y Enrique cruzan la calle con cuidado.
John and Henry cross the street carefully.

---

el cuaderno   kua-DER-no   noun, masc.   notebook

Cada alumno tiene un cuaderno.
Each pupil has a notebook.

---

el cuadro   KUA-dro   noun, masc.   picture, painting

Hay cuatro gatos en el cuadro.
There are four cats in the picture.

---

cualquier   kual-KYER   adjective, masc.   any
cualquiera   (fem.)

Vengan cualquier día de la semana.

---

cuando   KUAN-do   adverb   when

Cuando mis primos están en casa, jugamos
al béisbol.
When my cousins are home, we play baseball.

cuarenta   kua-REN-ta   adjective   forty
Hay cuarenta ventanas en este edificio.
There are forty windows in this building.

cuarto KUAR-to   adjective, masc.   fourth
  cuarta   (fem.)
Juan se come la cuarta parte del pastel.
John eats a fourth of the pie.

el cuarto   KUAR-to   noun, masc.   room, quart
Mi cuarto es pequeño.
My room is small.

  el cuarto de baño   noun, masc.   bathroom
Me lavo y me peino en el cuarto be baño.
I wash up and comb my hair in the bathroom.

la cubeta; ku-BE-ta   noun, fem.   pail
  el cubo   Lleva agua en la cubeta.
He is carrying water in the pail.

cubierto ku-BYER-to   adjective, masc.   covered
  cubierta   (fem.)

El jardín está cubierto de flores.
The garden is covered with flowers.

cubrir   ku-BREER   verb   to cover
        Yo cubro   Nostros cubrimos
        Tú cubres   (Vosotros cubrís)
        Él, Ella, Usted   Ellos, Ellas, Ustedes
          cubre   cubren
        Las mujeres se cubren la cabeza cuando llueve.
        The women cover their heads when it rains.

la cuchara   ku-CHA-ra   noun, fem.   spoon
        La cuchara está cerca del plato.
        The spoon is near the plate.

el cuchillo   ku-CHEE-lyo, cu-CHEE-yo   noun, masc.   knife
        El cuchillo está sobre la mesa.
        The knife is on the table.

el cuello   KUE-lyo,   noun, masc.   neck (of a person),
        KUE-yo   collar
        La señora lleva una joya magnífica en el cuello.
        The lady is wearing a magnificent jewel necklace.
        La camisa tiene un cuello blanco.
        The shirt has a white collar.

la cuenta   KUEN-ta   noun, fem.   bill, check
        Papá paga la cuenta.
        Dad pays the bill.

el cuento   KUEN-to   noun, masc.   tale, story
        ¿Quieren oír un cuento?
        Do you want to hear a story?

  el cuento de hadas   noun, masc.   fairytale
        "Cenicienta" es un cuento de hadas.
        "Cinderella" is a fairytale.

la cuerda   KUER-da   noun, fem.   rope
        Vamos a brincar la cuerda.

Let's jump rope.

---

el cuero KUE-ro   noun, masc.   leather
Para Navidad, quiero una chaqueta de cuero.
For Christmas, I want a leather jacket.

¡Cuidado! kuee-DA-do   interjection   Be careful!
¡Cuidado! Hay mucho tráfico ahora.
Be careful! There's a lot of traffic now.

cuidar kuee-DAR   verb   to look after,
                                          to take care of
Yo cuido   Nosotros cuidamos
Tú cuidas   (Vosotros cuidáis)
Él, Ella, Usted   Ellos, Ellas, Ustedes
 cuida   cuidan
Cuando mis padres salen a pasear, yo tengo
 que cuidar al bebé.
When my parents go out, I have to take care of
 the baby.

---

el cumpleaños kum-ple-A-nyos   noun, masc.   birthday
Mi cumpleaños es el dieciocho de diciembre.
My birthday is December eighteenth.

---

la cuna KU-na   noun, fem.   cradle
El bebé está en la cuna.
The baby is in the cradle.

---

curioso ku-REEO-so   adjective, masc.   curious
curiosa (fem.)
      Alejandro es una persona curiosa. Siempre hace
        preguntas.
      Alex is a curious person. He always asks
        questions.

CH

el chabacano cha-ba-KA-no   noun, masc.   apricot
      El chabacano no es mi fruta favorita.
      The apricot is not my favorite fruit.

el chapulín cha-pu-LEEN   noun, masc.   grasshopper
      El muchacho agarra un chapulín (el saltón)
      The boy catches a grasshopper.

la chaqueta cha-KE-ta   noun, fem.   jacket
      Lleva una chaqueta porque hace frío.
      He wears a jacket because it is cold.

el charol cha-ROL   noun, masc.   patent leather
      Los zapatos son de charol.
      The shoes are of patent leather.

los chícharos CHEE-cha-ros   noun, masc.   peas

      Mamá pone chícharos (guisantes) en el arroz.
      Mother puts peas in the rice.

la chimenea chee-me-NE-a   noun, fem.   chimney;
                                                 fireplace
La casa tiene chimenea.
The house has a chimney.

la chiva CHEE-ba   noun, fem.   goat
La chiva come hierba.
The goat is eating grass.

el chocolate cho-ko-LA-te   noun, masc.   chocolate
¡Qué bueno está el chocolate!
The chocolate is good!

el chubasco chu-BAS-ko   noun, masc.   shower
En abril hay chubascos.
There are showers in April.

la chuleta chu-LE-ta   noun, fem.   chop
Estas chuletas de puerco están deliciosas.
These pork chops are delicious.

la chuleta de ternera   noun, fem.   lamb chop
Hay chuletas de ternera para la comida.
There are lamb chops for dinner.

D

da lo mismo da-lo-MEES-mo   idiomatic   It does not make
                                  expression   any difference
Da lo mismo. Me gustan los dos programas
  de televisión.
It doesn't make any difference. I like both
  television programs.

dar DAR   verb   to give
Yo doy   Nosotros damos
Tú das   (Vosotros dais)
Él, Ella, Usted   Ellos, Ellas, Ustedes

da   dan
Nos dan libros para leer en la biblioteca.
They give us books to read in the library.

---

de DE   preposition   from, out of
Él llama de su casa.
He calls from his house.

---

de DE   preposition   of, 's (showing
(del, de la, de las, de los)   ownership
Es la bicicleta de mi vecino.
It is my neighbor's bicycle.

---

débil DE-beel   adjective   weak
Hoy el muchacho está débil.
The boy is weak today.

---

de buena conducta   prepositional phrase   well-behaved
de-bue-na-kon-DUK-ta
Son estudiantes de buena conducta.
They are well-behaved students.

---

decir de-SEER   verb   to say
Yo digo   Nosotros decimos
Tú dices   (Vosotros decís)
Él, Ella, Usted   Ellos, Ellas, Ustedes
    dice   dicen
Nunca dicen "gracias."
They never say "Thank you."

---

decorar de-ko-RAR   verb   to decorate
Yo decoro   Nosotros decoramos
Tú decoras   (Vosotros decoráis)
Él, Ella, Usted   Ellos, Ellas, Ustedes
    decora   decoran
Nosotros decoramos la casa para Navidad.
We decorate the house for Christmas

---

el dedo DE-do   noun, masc.   finger
    Ella indica con el dedo.
    She points with her finger.

el dedo del pie   noun, masc.   toe
    Me duele el dedo del pie.
    My toe hurts.

---

dejar de-JAR   verb   to leave
    Yo dejo   Nosotros dejamos
    Tú dejas   (Vosotros dejáis)
    Él, Ella, Usted   Ellos, Ellas, Ustedes
      deja   dejan
    El muchacho deja el periódico en frente
      de la casa.
    The boy leaves the newspaper in front
      of the house.

dejar de   verb   to stop (doing something)
    Yo dejo de comer.
    I stop eating.

---

de la mañana de-la-ma-NYA-na   prepositional   in the
                                 phrase   morning
    Son las seis de la mañana.
    It is six o'clock in the morning.

---

el delantal de-lan-TAL   noun, masc.   apron

El hombre lleva delantal.
The man is wearing an apron.

---

delicioso de-lee-SEEO-so   adjective, masc.   delicious
  deliciosa (fem.)
Este almuerzo está delicioso.
This lunch is delicious.

---

demasiado de-ma-SEEA-do   adjective, masc.   too much
  demasiados (plural)   (too many)
Hay demasiados platos en el armario.
There are too many plates in the cupboard.

demasiado   adverb   too much
El juguete cuesta demasiado.
The toy costs too much.

---

de nada de-NA-da   idiomatic   You're welcome
                         expression
Gracias por el regalo. De nada.
Thanks for the gift. You're welcome.

---

el dentista den-TEES-ta   noun, masc.   dentist
El dentista cuida los dientes de mi padre.
The dentist takes care of my father's teeth.

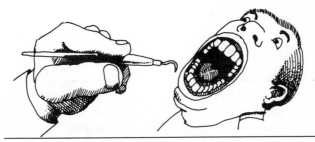

---

de pie de-PYE   adverb   standing
Ella está de pie.
She is standing.

---

el deporte   de-POR-te   noun, masc.   sport, sports
La gustan mucho los deportes.
He likes sports very much.

---

de repente   de-re-PEN-te   adverb   suddenly
De repente, el niño grita.
Suddenly, the child screams.

---

el desayuno   de-sa-YU-no   noun, masc.   breakfast
El desayuno en casa es a las siete.
Breakfast at home is at seven.

---

descansar   des-kan-SAR   verb   to rest
Yo descanso   Nosotros descansamos
Tú descansas   (Vosotros descansáis)
Él, Ella, Usted   Ellos, Ellas, Ustedes
  descansa   descansan
¡María nunca descansa!
Mary never rests!

---

desde luego   des-de-LUE-go   idiomatic   of course
                                   expression
Vas a la fiesta, ¿verdad?
Desde luego.
You're going to the party. Aren't you?
Of course.

---

el desfile   des-FEE-le   noun, masc.   parade
Mañana hay un desfile.
Tomorrow there is a parade.

---

el desierto   de-SYER-to   noun, masc.   desert
Hay mucha arena en el desierto.
There is a lot of sand in the desert.

---

despacio   des-PA-seeo   adverb   slowly
Gloria camina despacio.
Gloria walks slowly.

---

el despertador des-per-ta-DOR   noun, masc.   alarm clock
El despertador suena a las seis.
The alarm clock rings at six.

---

después des-PUES   adverb   afterwards, after
Después de la cena, vamos al cine.
After dinner, we are going to the movies.

---

detener de-te-NER   verb   to stop
Yo detengo   Nosotros detenemos
Tú detienes   (Vosotros detenéis)
Él, Ella, Usted   Ellos, Ellas, Ustedes
  detiene   detienen
El director detiene a los muchachos.
The principal stops the boys.

---

detestar de-tes-TAR   verb   detest
Yo detesto   Nosotros detestamos
Tú detestas   (Vosotros detestáis)
Él, Ella, Usted   Ellos, Ellas, Ustedes
  detesta   detestan
Todos detestan los zancudos.
Everyone detests mosquitoes.

---

detrás de-TRAS   adverb   behind
Yo me siento detrás de Juan.
I sit behind John.

---

devolver de-bol-BER   verb   to give back, to return
    Yo devuelvo   Nosotros devolvemos
    Tú devuelves   (Vosotros devolvéis)
    Él, Ella, Usted   Ellos, Ellas, Ustedes
      devuelve   devuelven
    Los alumnos devuelven los libros.
    The students give back the books.

---

el día DEE-a   noun, masc.   day
    Ellos celebran el Día de Año Nuevo.
    They celebrate New Year's Day.

---

dibujar dee-bu-JAR   verb   to draw
    Yo dibujo   Nosotros dibujamos
    Tú dibujas   (Vosotros dibujáis)
    Él, Ella, Usted   Ellos, Ellas, Ustedes
      dibuja   dibujan
    Ellos dibujan en la pizarra.
    They draw on the blackboard.

---

el diccionario deek-seeo-NA-reeo   noun, masc. dictionary
    Buscamos las palabras en el diccionario.
    We look for the words in the dictionary.

---

diecinueve dye-see-NUE-be   adjective   nineteen
    Hay diecinueve huevos en el refrigerador.
    There are nineteen eggs in the refrigerator.

---

dieciocho   dye-see-O-cho   adjective   eighteen
Ocho y diez son dieciocho.
Eight and ten are eighteen.

---

dieciséis   dye-see-SAYS   adjective   sixteen
Hay dieciséis dulces en la caja.
There are sixteen candies in the box.

---

diecisiete   dye-see-SYE-te   adjective   seventeen
Yo tengo diecisiete primos.
I have seventeen cousins.

---

el diente   DYEN-te   noun, masc.   tooth
Le duele el diente.
He has a tooth ache.

    los dientes   noun, masc.   teeth
Tiene dientes bonitos.
She has pretty teeth.

---

diez   DYES   adjective   ten
Nosotros tenemos diez libros.
We have ten books.

---

diferente   dee-fe-REN-te   adjective   different
Es una historia diferente.
It is a different story.

---

difícil   dee-FEE-seel   adjective   difficult
Si estudias, no es difícil.
If you study, it is not difficult.

---

el dinero   dee-NE-ro   noun, masc.   money
El muchacho tiene su dinero listo.
The boy has his money ready.

---

la dirección   dee-rek-SEEON   noun, masc.   address

¿Cuál es la dirección de la casa?

What is the address of the house?

---

dirigir   dee-ree-JEER   verb   to direct

Yo dirijo	Nosotros dirigimos
Tú diriges	(Vosotros dirigís)
Él, Ella, Usted	Ellos, Ellas, Ustedes
dirige	dirigen

El señor Almeida dirige a los músicos.

Mr. Almeida directs the musicians.

---

el disco   DEES-ko   noun, masc.   record

Me gusta el disco de Guillermo.

I like William's record.

---

disgustado   dees-gus-TA-do   adjective, masc.   displeased
disgustada   (fem.)

La señora está disgustada con el perro.

The lady is displeased with the dog.

---

dispénseme usted   dees-PEN-se-me   idiomatic   excuse
dispénsenme ustedes   (plural)   expression   me

Dispénseme, por favor. Tengo que salir.

Excuse me, please. I have to leave.

---

divertido   dee-ber-TEE-do   adjective, masc.   amusing
divertida   (fem.)

Es un juego muy divertido.

It is an amusing game.

---

divertirse   dee-ber-TEER-se   verb   to have a good time
Yo me divierto   Nosotros nos divertimos
Tú te diviertes   (Vosotros os divertís)
Él, Ella, Usted   Ellos, Ellas, Ustedes
  se divierte   se divierten

Ellos siempre se divierten en la playa.
They always have a good time at the beach.

doblar   do-BLAR   verb   to turn
Yo doblo   Nosotros doblamos
Tú doblas   (Vosotros dobláis)
Él, Ella, Usted   Ellos, Ellas, Ustedes
  dobla   doblan
El coche dobla a la izquierda
The car turns left.

---

doce   DO-se   adjective   twelve
Mi hermana tiene doce discos.
My sister has twelve records.

---

la docena   do-SE-na   noun, fem.   dozen
María compra una docena de naranjas.
Mary buys a dozen oranges.

---

el doctor   dok-TOR   noun, masc.   doctor
El doctor está en el hospital.
The doctor is at the hospital.

---

el dólar   DO-lar   noun, masc.   dollar
              Cuesta un dólar.
              It costs a dollar.

el dolor   do-LOR   noun, masc.   ache, pain

  el dolor de estómago   noun, masc.   stomach ache
              do-LOR-de-es-TO-ma-go
              Él tiene dolor de estómago.
              He has a stomach ache.

el dominó   do-mee-NO   noun, masc.   dominoes
              Vamos a jugar al dominó.
              Let's play dominoes.

dónde   DON-de   adverb   where
              ¿Dónde está mi libro de inglés?
              Where is my English book?

dormir   dor-MEER   verb   to sleep
              Yo duermo   Nosotros dormimos
              Tú duermes   (Vosotros dormís)
              Él, Ella, Usted   Ellos, Ellas, Ustedes
                 duerme   duermen
              El bebé duerme.
              The baby is sleeping.

dos   DOS   adjective   two
              Yo tengo dos hermanos.
              I have two brothers.

  dos veces   expression   twice

dulce   DUL-se   adjective   sweet
              El pastel está muy dulce.
              The pie is very sweet.

  el dulce   DUL-se   noun   candy
              ¿Quieres un dulce de chocolate?

Would you like a chocolate candy?

durante   du-RAN-te   preposition   during
           Él va a México durante las vacaciones.
           He is going to Mexico during vacation.

el durazno   du-RAZ-no   noun, masc.   peach
           El durazno es delicioso.
           The peach is delicious.

duro   DU-ro   adjective, masc.   hard
  dura   (fem.)
           La cama es dura.
           The bed is hard.

E

la edad   e-DAD   noun, fem.   age
           ¿Cuál es la edad del señor?
           What is the man's age?

el edificio   e-dee-FEE-seeo   noun, masc.   building
           La oficina está en ese edificio.
           The office is in that building.

el ejército   e-JER-see-to   noun, masc.   army
           Guillermo está en el ejército de los
             Estados Unidos.
           William is in the United States Army.

los ejotes   e-JO-tes   noun, masc.   string beans
           Mamá sirve ejotes (habichuelas) con papas.
           Mom serves string beans with potatoes.

él   EL   pronoun   he
           Ella y él van a la iglesia cerca de la casa.
           She and he go to the church near home.

---

el EL article   the
     El sofá está en la sala.
     The sofa is in the living room.

---

el que EL-KE idiomatic   the one that,
              expression   the one who
     Juan es el que no va.
     John is the one who is not going.

---

ellos E-lyos, E-yos pronoun, masc.   they
ellas (fem.)
     Ellos brincan y bailan.
     They jump and dance.

   ellos mismos   pronoun   they themselves
     Ellos mismos hacen el trabajo.
     They themselves do the work.

---

el emparedado em-pa-re-DA-do   noun, masc.   sandwich
     ¿Le gusta un emparedado de queso?
     Do you like a cheese sandwich?

---

empujar em-pu-JAR   verb   to push
     Yo empujo   Nosotros empujamos
     Tú empujas   (Vosotros empujáis)
     Él, Ella, Usted   Ellos, Ellas, Ustedes
        empuja   empujan

     El hombre trata de empujar el piano.
     The man tries to push the piano.

---

enero   e-NE-ro   noun, masc.   January

Hace mucho frío en enero.
It is very cold in January.

---

la enfermera   en-fer-ME-ra   noun, fem.   nurse

La enfermera ayuda al médico.
The nurse helps the doctor.

---

enfermo   en-FER-mo   adjective, masc.   ill, sick
enferma   (fem.)

Él nunca está enfermo.
He is never ill.

---

enfrente de   en-FREN-te-de   adverbial   in front of
                                      phrase

La iglesia está enfrente de la escuela.
The church is in front of the school.

---

en forma de   prepositional   in the form of,
      en-la-FOR-ma-de   phrase   in the shape of

Tiene una alcancía en forma de un puerco.
She has a bank in the form of a pig.

---

en medio de   en-ME-deeo-de   prepositional   in the
                                      phrase   middle of

Ella baile en medio de un grupo.
She dances in the middle of a group.

---

enojado   e-no-JA-do   adjective, masc.   angry
enojada   (fem.)

Mi padre está enojado conmigo.
My father is angry at me.

---

la ensalada   en-sa-LA-da   noun, fem.   salad

La familia come ensalada de lechuga y tomate.
The family eats lettuce and tomato salad.

---

en seguida   en-se-GEE-da   adverb   right away
Lo hago en seguida.
I'll do it right away.

---

enseñar   en-se-NYAR   verb   to teach

Yo enseño	Nosotros enseñamos
Tú enseñas	(Vosotros enseñáis)
Él, Ella, Usted	Ellos, Ellas, Ustedes
enseña	enseñan

El profesor enseña a los alumnos.
The teacher teaches the pupils.

---

entender   en-ten-DER   verb   to understand

Yo entiendo	Nosotros entendemos
Tú entiendes	(Vosotros entendéis)
Él, Ella, Usted	Ellos, Ellas, Ustedes
entiende	entienden

En los Estados Unidos hay muchas personas
que entienden español.
There are many persons in the United States
who understand Spanish.

---

entero   en-TE-ro   adjective, masc.   entire, whole
   entera   (fem.)
Se come el tomate entero.
He eats the whole tomato.

---

en todas partes en-to-das-PAR-tes adverb everywhere

> ¿En todas partes hay Coca Cola?
> Is Coca Cola everywhere?

entonces en-TON-ses adverb then

> Hasta entonces, no vamos a la playa.
> Until then we will not go to the beach.

entrar en-TRAR verb to enter

Yo entro	Nosotros entramos
Tú entras	(Vosotros entráis)
Él, Ella, Usted	Ellos, Ellas, Ustedes
entra	entran

> A veces los muchachos entran tarde en la clase.
> Sometimes the boys enter class late.

entre EN-tre preposition between

> La carne está entre dos pedazos de pan.
> The meat is between two pieces of bread.

en voz alta en-bo-SAL-ta adverb aloud, in a loud voice

> Leemos en voz alta algunas veces.
> We read aloud sometimes.

el error e-RROR noun, masc. error

> Hay un error en este papel.
> There is an error in this paper.

la escalera es-ka-LE-ra noun, fem. staircase

> Hay que subir al segundo piso por la escalera.
> You have to go up to the second floor by the
> staircase.

la escoba es-KO-ba noun, fem. broom

Ella barre con una escoba.
She sweeps with a broom.

---

escoger   es-ko-JER   verb   to pick, to choose
Yo escojo   Nosotros escogemos
Tú escoges   (Vosotros esocgéis)
Él, Ella, Usted   Ellos, Ellas, Ustedes
  escoge   escogen
Los niños escogen a Raúl como jefe del grupo.
The children choose Raúl as leader of the group.

---

esconder   es-kon-DER   verb   to hide
Yo escondo   Nosotros escondemos
Tú escondes   (Vosotros escondéis)
Él, Ella, Usted   Ellos, Ellas, Ustedes
  esconde   esconden
Ellos esconden las cartas.
They hide the cards.

---

escribir   es-kree-BEER   verb   to write
Yo escribo   Nosotros escribimos
Tú escribes   (Vosotros escribís)
Él, Ella, Usted   Ellos, Ellas, Ustedes
  escribe   escriben
Juan le escribe una carte a María.
John writes Mary a letter.

---

el escritorio   es-kree-TO-reeo   noun, masc.   desk
El libro está en el escritorio.

The book is on the desk.

---

escuchar   es-ku-CHAR   verb   to listen
     Yo escucho   Nosotros escuchamos
     Tú escuchas   (Vosotros escucháis)
     Él, Ella, Usted   Ellos, Ellas, Ustedes
       escucha   escuchan
     Los maestros siempre dicen que hay que
      escuchar.
     The teachers always say that we must listen.

---

la escuela   es-KUE-la   noun, fem.   school
     Estudiamos y nos divertimos en la escuela.
     We study and have fun in school.

ése   E-se   pronoun   that one
     Ése es de mi primo.
     That one is my cousin's.

---

ese   E-se   adjective, masc.   that
esa   (fem.)
     Ese impermeable es nuevo.
     That raincoat is new.

---

la espalda   es-PAL-da   noun, fem.   back
     Me duele la espalda.
     My back hurts.

---

espantoso   es-pan-TO-so   adjective, masc.   frightening

espantosa   (fem.)
> Ése es un cuento espantoso.
> That is a frightening tale.

---

especialmente   es-pe-syal-MEN-te   adverb   especially
> Me gusta la fruta, especialmente las naranjas.
> I like fruit, especially oranges.

---

el espejo   es-PE-jo   noun, masc.   mirror
> La muchacha se mira en el espejo.
> The girl looks at herself in the mirror.

---

esperar   es-pe-RAR   verb   to wait, to expect
> Yo espero   Nosotros esperamos
> Tú esperas   (Vosotros esperáis)
> Él, Ella, Usted   Ellos, Ellas, Ustedes
>   espera   esperan
> Silvia espera a Carlos.
> Sylvia waits for Charles.

---

las espinacas   es-pee-NA-kas   noun, fem.   spinach
> Sirven carne con papas y espinacas.
> They serve meat with potatoes and spinach.

---

la esposa   es-PO-sa   noun, fem.   wife
> Carmen es la esposa del doctor Ortiz.
> Carmen is Dr. Ortiz's wife.

---

el esposo   es-PO-so   noun, masc.   husband
> El esposo de la señora Rodríguez es licenciado.
> Mrs. Rodriguez's husband is a lawyer.

---

la estación   es-ta-SEEON   noun, fem.   season
> Mi estación favorita es el verano.
> My favorite season is summer.

la estación de tren   noun, fem.   train station
> Esperan a su tío en la estación de tren.
> They wait for their uncle in the train station.

---

estacionar   es-ta-seeo-NAR   verb   to park

Yo estaciono	Nosotros estacionamos
Tú estacionas	(Vosotros estacionáis)
Él, Ella, Usted	Ellos, Ellas, Ustedes
estaciona	estacionan

El chofer estaciona el coche.
The chaffeur parks the car.

---

el estado   es-TA-do   noun, masc.   state
Nosotros vivimos en el estado de Colorado.
We live in the state of Colorado. '

---

estar   es-TAR   verb   to be

Yo estoy	Nosotros estamos
Tú estás	(Vosotros estáis)
Él, Ella, Usted	Ellos, Ellas, Ustedes
está	están

Estamos en la Argentina para las vacaciones.
We are in Argentina for vacation.

estar equivocado   verb   to be wrong
es-TAR-e-kee-bo-KA-do
Yo estoy equivocado.
I am wrong.

---

el este   ES-te   adverb; adjective; noun, masc.   east
Para ir de Texas a Nueva York, se viaja al este.
To go from Texas to New York, you travel east.

éste   ES-te   pronoun, masc.   this one
ésta   (fem.)
Éste es azul oscuro.
This one is dark blue.

---

este   ES-te   adjective, masc.   this
esta   (fem.)
Este auto es negro.
This auto is black.

---

estirar   es-tee-RAR   verb   to pull
        Yo estiro   Nosotros estiramos
        Tú estiras   (Vosotros estiráis)
        Él, Ella, Usted   Ellos, Ellas, Ustedes
          estira   estiran
        Él estira las cintas de los zapatos.
        He pulls the shoe laces.

esto   ES-to   pronoun   this
        No entiendo esto
        I don't understand this.

estornudar   es-tor-nu-DAR   verb   to sneeze
        Yo estornudo   Nosotros estornudamos
        Tú estornudas   (Vosotros estornudáis)
        Él, Ella, Usted   Ellos, Ellas, Ustedes
          estornuda   estornudan
        Cuando tengo resfriado, estornudo
          muchas veces.
        When I have a cold, I sneeze many times.

la estrella   es-TRE-lya, es-TRE-ya   noun, fem.   star
        ¡Ay! Mira las estrellas en el cielo.
        Oh! Look at the stars in the sky.

el estudiante   es-tu-DEEAN-te   noun, masc.   student
  la estudiante   (fem.)
        El estudiante lee su libro.
        The student reads his book.

---

estudiar   es-tu-DEEAR   verb   to study
    Yo estudio   Nosotros estudiamos
    Tú estudias   (Vosotros estudiáis)
    Él, Ella, Usted   Ellos, Ellas, Ustedes
      estudia   estudian
    A veces estudiamos en la biblioteca.
Sometimes we study in the library.

---

la estufa   es-TU-fa   noun, fem.   stove
    La carne está en la estufa.
The meat is on the stove.

---

estúpido   es-TU-pee-do   adjective, masc.   stupid
  estúpida   (fem.)
    ¡No! Yo no soy estúpido.
No! I'm not stupid.

---

el examen   ek-SA-men   noun, masc.   test, examination
    Los estudiantes tienen examen de ciencia.
The students have a science exam.

---

excelente   ek-se-LEN-te   adjective   excellent
    La niña prepara una comida excelente.
The girl prepares an excellent meal.

---

explicar   es-plee-KAR   verb   to explain
    Yo explico   Nosotros explicamos
    Tú explicas   (Vosotros explicáis)
    Él, Ella, Usted   Ellos, Ellas, Ustedes
      explica   explican
    La profesora explica la lección.
The teacher explains the lesson.

---

extraño   es-TRA-nyo   adjective, masc.   strange
  extraña   (fem.)
    Es una persona muy extraña.
He is a strange person.

---

el extranjero   es-tran-JE-ro   noun, masc.   foreigner, stranger

Aquí mi tío es un extranjero.
My uncle is a stranger here.

---

extraordinario   adjective, masc.   extraordinary
es-tra-or-dee-NA-reeo
extraordinaria (fem.)

Es una película extraordinaria.
It is an extraordinary movie.

F

---

la fábrica   FA-bree-ka   noun, fem.   factory

Hay muchas máquinas en esa fábrica.
There are many machines in that factory.

---

fácil   FA-seel   adjective   easy

Cuando estudio, la lección es fácil.
The lesson is easy when I study.

---

la falda   FAL-da   noun, fem.   skirt

Lleva una falda roja.
She is wearing a red skirt.

---

falso   FAL-so   adjective, masc.   false
    falsa (fem.)

La joya es falsa.
The jewel is false.

---

la familia   fa-MEE-leea   noun, fem.   family
En la familia de los García hay dos niños y
dos niñas.
In the García family there are two boys and
two girls.

---

famoso fa-MO-so   adjective, masc.   famous
  famosa (fem.)
Los museos de la Ciudad de México son famosos.
The Mexico City museums are famous.

---

la farmacia   far-MA-seea   noun, fem.   pharmacy
Vamos a la farmacia por la medicina.
We go to the pharmacy for the medicine.

---

favorito fa-bo-REE-to   adjective, masc.   favorite
  favorita (fem.)
Mi color favorito es el amarillo.
My favorite color is yellow.

---

febrero fe-BRE-ro   noun, masc.   February
El cumpleaños de Jorge Washington es el
veintidós de febrero.
George Washington's birthday is February
twenty-second.

---

feliz   fe-LEES   adjective   happy
  felices (plural)
Los niños son felices porque no hay clases en
el verano.
The children are happy because there are no
classes in summer.

  ¡Feliz cumpleaños!   idiomatic   Happy Birthday!
  fe-LEES-kum-ple-A-nyos   expression

---

la feria   FE-reea   noun, fem.   fair
Siempre hay cosas interesantes en la feria.
There are always many interesting things
     at the fair.

---

feroz   fe-ROS   adjective   ferocious, fierce
El tigre es un animal feroz.
The tiger is a fierce animal.

---

el ferrocarril   fe-rro-ka-RREEL   noun, masc.   railroad
¿Dónde está el ferrocarril?
Where is the railroad?

---

la fiebre   FYE-bre   noun, fem.   fever
Tiene una fiebre alta.
He has a high fever.

---

la fiesta   FYES-ta   noun, fem.   party
Vamos a tener una fiesta en la playa.
We are going to have a party on the beach.

---

fijar   fee-JAR   verb   to set

Yo fijo	Nosotros fijamos
Tú fijas	(Vosotros fijáis)
Él, Ella, Usted	Ellos, Ellas, Ustedes
fija	fijan

Papá tiene que fijar la lámpara en esa mesa.
Dad has to set the lamp on that table.

---

la fila   FEE-la   noun, fem.   row
Ella se sienta en la primera fila.
She sits in the first row.

---

el fin   FEEN   noun, masc.   end
Éste es el fin de la historia.
This is the end of the story.

---

la flor   FLOR   noun, fem.   flower
La rosa es una flor hermosa.
The rose is a beautiful flower.

el fonógrafo   fo-NO-gra-fo   noun, masc.   phonograph
Yo uso el fonógrafo de mis padres para tocar
discos.
I use my parents' phonograph to play records.

la fotografía   fo-to-gra-FEE-a   noun, fem.   photograph
Hay una fotografía de mi hermano en la sala.
There is a photograph of my brother in the
living room.

francés   fran-SES   adjective   French
Nos gusta mucho el pan francés.
We like French bread a lot.

frecuentemente   fre-kuen-te-MEN-te   adverb   frequently
Frecuentemente, paseamos en coche.
We take a car ride frequently.

la fresa   FRE-sa   noun, fem.   strawberry
Me gusta un postre de fresa.
I like a strawberry dessert.

fresco   FRES-ko   adjective, masc.   fresh
  fresca   (fem.)
Hay legumbres frescas en la tienda.
There are fresh vegetables in the store.

frío   FREE-o   adjective, masc.   cold
  fría   (fem.)
El café está frío.
The coffee is cold.

el fuego   FUE-go   noun, masc.   fire

Hay fuego en la chimenea.
There is fire in the fireplace.

---

fuerte   FUER-te   adjective   strong
            Gustavo es muy fuerte
            Gus is very strong.

---

fuerte   FUER-te   adverb   loud, loudly
            El policía habla fuerte.
            The policeman speaks loudly.

---

fumar   fu-MAR   verb   to smoke
            Yo fumo   Nosotros fumamos
            Tú fumas   (Vosotros fumáis)
            Él, Ella, Usted   Ellos, Ellas, Ustedes
              fuma   fuman
            Nosotros no fumamos.
            We do not smoke.

---

el futuro   fu-TU-ro   noun, masc.   future
            ¿En el futuro, van a vivir en la luna?
            In the future are they going to live on the moon?

G

---

la galleta   ga-LYE-ta, ga-YE-ta   noun, fem.   cracker,
                                                 cookie
            Voy a tomar sopa y galletas.
            I am going to have soup and crackers.

---

la galletita   noun, fem.   cookie
                ga-lye-TEE-ta, ga-ye-TEE-ta
    la galletica   ga-lye-TEE-ka, ga-ye-TEE-ka

        Nos gustan mucho las galletitas de chocolate.
        We like chocolate cookies a lot.

---

la gallina   ga-LYEE-na, ga-YEE-na   noun, fem.   chicken

        La gallina pone los huevos.
        The chicken lays eggs.

---

ganar   ga-NAR   verb   to earn, to win
                Yo gano   Nosotros ganamos
                Tú ganas   (Vosotros ganáis)
                Él, Ella, Usted   Ellos, Ellas, Ustedes
                gana   ganan

        Nuestro equipo siempre gana.
        Our team always wins.

---

la garganta   gar-GAN-ta   noun, fem.   throat

        Le duele la garganta.
        His throat hurts him.

---

el gas   GAS   noun, masc.   gas

        La señora cocina en una estufa de gas.
        The lady cooks on a gas stove.

---

la gasolina   ga-so-LEE-na   noun, fem.   gasoline

        El coche necesita gasolina.
        The car needs gasoline.

---

el gatito   ga-TEE-to   noun, masc.   kitten

        Rafael es mi gatito consentido.
        Ralph is my pet kitten.

---

el gato   GA-to   noun, masc.   cat
El gato pelea con el perro.
The cat fights with the dog.

generoso je-ne-RO-so   adjective, masc.   kind, generous
generosa (fem.)
Mi abuelita es muy generosa.
My grandmother is very generous.

la gente JEN-te   noun, fem.   people
La gente quiere ver al presidente.
The people want to see the president.

la geografía je-o-gra-FEE-a   noun, fem.   geography
En la clase de geografía estudiamos los mapas
de los países diferentes.
In geography class we study maps of different
countries.

el gigante jee-GAN-te   noun, masc.   giant
En el cuento el gigante se come a la gente.
In the story the giant eats people.

el golpe GOL-pe   noun, masc.   blow, knock
El señor le da un golpe al ladrón.
The man gives the thief a blow.

gordo GOR-do   adjective, masc.   fat

gorda   (fem.)
¡Qué hombre tan gordo!
What a fat man!

---

la grabadora   gra-ba-DO-ra   noun, fem.   tape recorder
Enrique usa su grabadora.
Henry uses his tape recorder.

¡Gracias!   GRA-seeas   interjection   Thanks! Thank you!
Muchas gracias por el regalo.
Thank you for the gift.

---

gracioso   gra-SEEO-so   adjective, masc.   cute, amusing
graciosa   (fem.)
El niño es gracioso.
The boy is cute.

---

gran   GRAN   adjective   great
El cuatro de julio hay una gran fiesta.
There is a great celebration on the fourth of July.

---

grande   GRAN-de   adjective   large
La casa es muy grande.
The house is very large.

---

la granja   GRAN-ja   noun, fem.   farm

Hay muchas plantas en la granja.
There are many plants on the farm.

---

gris   GREES   adjective   gray
      El traje es gris.
      The suit is gray.

---

gritar   gree-TAR   verb   scream, shout
      Yo grito   Nosotros gritamos
      Tú gritas   (Vosotros gritáis)
      Él, Ella, Usted   Ellos, Ellas, Ustedes
        grita   gritan

      El muchacho grita cuando quiere algo.
      The boy shouts when he wants something.

---

grueso   GRUE-so   adjective, masc.   thick
  gruesa   (fem.)
      El cuaderno de Jorge es grueso.
      George's notebook is thick.

---

el guajolote   gua-jo-LO-te   noun, masc.   turkey
      El guajolote es gris y negro.
      The turkey is gray and black.

---

los guantes   GUAN-tes   noun, masc.   gloves
      Llevamos guantes cuando hace frío.
      We wear gloves when it is cold.

---

guapo   GUA-po   adjective, masc.   handsome,
  guapa   (fem.)   good looking
      Mi papá es muy guapo.
      My father is very good looking.

---

guardar   guar-DAR   verb   to store, to keep
      Yo guardo   Nosotros guardamos
      Tú guardas   (Vosotros guardáis)
      Él, Ella, Usted   Ellos, Ellas, Ustedes
        guarda   guardan

Nosotros guardamos el dinero en el banco.
We keep our money in the bank.

---

la guerra   GE-rra   noun, fem.   war
En una guerra mueren muchas personas.
Many people die in a war.

---

el gusano   gu-SA-no   noun, masc.   worm
Hay gusanos en la basura.
There are worms in the trash.

---

gustar(le) algo   gus-TAR   verb   to like something

me gusta	nos gusta
(me gustan)	(nos gustan)
te gusta	(os gusta)
(te gustan)	(os gustan)
le gusta	les gusta
(le gustan)	(les gustan)

A ellos les gusta caminar en el jardín.
They like to walk in the garden.

H

---

hablar   a-BLAR   verb   to speak

Yo hablo	Nosotros hablamos
Tú hablas	(Vosotros habláis)
Él, Ella, Usted	Ellos, Ellas, Ustedes
habla	hablan

Los estudiantes hablan inglés y español.
The students speak English and Spanish.

---

hace   A-se   idiomatic   It (the weather) is . . .
                                    expression
Hace frío en el invierno.
It is cold in winter.

Hace sol.   A-se-SOL   idiomatic   It is sunny.
                           expression

hacer   a-SER   verb   to do, to make
                    Yo hago   Nosotros hacemos
                    Tú haces   (Vosotros hacéis)
                    Él, Ella, Usted Ellos, Ellas, Ustedes
                      hace   hacen
                    Ella quiere hacer un vestido.
                    She wants to make a dress.

hacer un paseo al campo   verb   to have a picnic
            En junio hacen un paseo al campo.
            In June they have a picnic.

hacer un viaje   verb   to take a trip
            Queremos hacer un viaje a San Juan, Puerto Rico.
            We want to take a trip to San Juan, Puerto Rico.

hacia   A-seea   adverb   towards
            El avión viaja hacia el mar.
            The plane is traveling toward the sea.

el hada   A-da   noun, fem.   fairy
            El hada del cuento tiene el pelo rubio.
            The fairy in the story has blond hair.

hasta   AS-ta   adverb   until
> Vamos a nadar desde las dos hasta las tres.

We are going to swim from two until three.

hay   AEE   idiomatic   there is, there are
expression
> ¿Qué hay de nuevo?

What is new?
> Hay una flor en el jardín.

There is a flower in the garden.

hay que   idiomatic   you have to, you must
expression
> Hay que leer el periódico.

You must read the newspaper.

el helado   e-LA-do   noun, masc.   ice cream
> ¿Te gusta el helado?

Do you like ice cream?

el helado   e-LA-do   noun, masc.   ice cream
(de chocolate)   (chocolate)
> Mi postre favorito es el helado de chocolate.

My favorite dessert is chocolate ice cream.

el helicóptero   e-lee-KOP-te-ro   noun, masc.   helicopter
> Vamos en helicóptero al aeropuerto.

We are going to the airport by helicopter.

el heno   E-no   noun, masc.   hay
> El heno es para los caballos.

Hay is for horses.

la hermana   er-MA-na   noun, fem.   sister
> Anita es la hermana de Roberto.

Anita is Robert's sister.

el hermano   er-MA-no   noun, masc.   brother
Mi hermano es amigo de Enrique.
My brother is Henry's friend.

el hielo   YE-lo   noun, masc.   ice
Ellos patinan en el hielo.
They skate on the ice.

la hija   EE-ja   noun, fem.   daughter
La señora Sánchez tiene cuatro hijas.
Mrs. Sánchez has four daughters.

el hijo   EE-jo   noun, masc.   son
El hijo de la señora Treviño juega al golf.
Mrs. Treviño's son plays golf.

la hoja   O-ja   noun, fem.   leaf

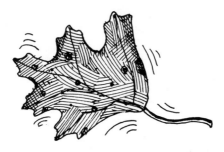

En otoño las hojas caen de los árboles.
In the fall the leaves fall from the trees.

la hoja de papel   noun, fem.   sheet of paper
Saquen una hoja de papel.
Take out a sheet of paper.

¡Hola!   O-la   interjection   Hello! Hi!
Hola, Conchita. ¿Cómo estás?
Hi, Conchita. How are you?

el hombre   OM-bre   noun, masc.   man
               Mi padrino es un hombre muy grande.
               My godfather is a very tall man.

  el hombre (hecho)   noun, masc.   snowman
   de nieve
               Vamos a hacer un hombre de nieve.
               Let's make a snowman.

---

el hombro   OM-bro   noun, masc.   shoulder
               Lleva un saco en el hombro.
               He is carrying a coat (jacket) on his shoulder.

---

hondo   ON-do   adjective, masc.   deep
  honda   (fem.)
               Es un lago muy hondo.
               It is a very deep lake.

---

la hora   O-ra   noun, fem.   time, hour
               ¿Qué hora es?
               What time is it?

  la hora del almuerzo   noun, fem.   lunchtime
               ¿Es la hora del almuerzo? Tengo hambre.
               Is it lunchtime? I'm hungry.

---

la hormiga   or-MEE-ga   noun, fem.   ant
               Esa hormiga es grande y roja.
               That ant is big and red.

---

hoy   OEE   adverb   today
               Hoy es el cinco de septiembre.
               Today is September fifth.

---

húmedo   U-me-do   adjective, masc.   humid, damp,
  húmeda   (fem.)   moist
               La toalla está húmeda.
               The towel is damp.

I

la idea   ee-DE-a   noun, fem.   idea
>Es una buena idea. Vamos al cine.

It's a good idea. Let's go to the movies.

la iglesia   ee-GLE-seea   noun, fem.   church
>Los domingos ellos van a la iglesia.

Sundays they go to church.

igual   ee-GUAL   adjective   equal
>Dos y dos es igual a cuatro.

Two and two is equal to four.

impar   eem-PAR   adjective   odd (number)
>Es un número impar.

It is an odd number.

el impermeable   eem-per-me-A-ble   noun, masc.   raincoat
>Su impermeable es amarillo.

His raincoat is yellow.

importante   eem-por-TAN-te   adjective   important
>Una persona importante viene a visitar la ciudad.

An important person is coming to visit the city.

imposible   eem-po-SEE-ble   adjective   impossible
>Es imposible cruzar la calle a pie.

It's impossible to cross the street on foot.

indicar   een-dee-KAR   verb   to show, indicate, point

Yo indico   Nosotros indicamos
Tú indicas   (Vosotros indicáis)
Él, Ella, Usted   Ellos, Ellas, Ustedes
  indica   indican
El termómetro indica la temperatura.
The thermometer indicates the temperature.

---

infeliz   een-fe-LEES adjective   unhappy
La historia tiene un fin infeliz (triste).
The story has an unhappy ending.

---

el ingeniero   een-je-NYE-ro noun, masc.   engineer
El ingeniero y los trabajadores construyen
  un puente.
The engineer and the workers construct a bridge.

---

inglés een-GLES adjective, masc.   English
  inglesa (fem.)
Nuestro profesor es inglés.
Our teacher is English.

---

inmediatamente   adverb   immediately
een-me-deea-ta-MEN-te
Vamos inmediatamente al hospital.
Let's go to the hospital immediately.

---

el insecto   een-SEK-to noun, masc.   insect
Ese insecto vive en los árboles.
That insect lives in trees.

---

inteligente   een-te-lee-JEN-te adjective   intelligent
Mi mamá es muy inteligente.
My mother is very intelligent.

---

interesante   een-te-re-SAN-te adjective   interesting
Esa película es muy interesante.
That movie is very interesting.

---

el invierno   eem-BYER-no   noun, masc.   winter
Hace frío en el invierno.
It is cold in winter.

invitar   eem-bee-TAR   verb   to invite

Yo invito	Nosotros invitamos
Tú invitas	(Vosotros invitáis)
Él, Ella, Usted invita	Ellos, Ellas, Ustedes invitan

Ellos invitan a sus amigos a la fiesta.
They invite their friends to the party.

ir   EER   verb   to go

Yo voy	Nosotros vamos
Tú vas	(Vosotros vais)
Él, Ella, Usted va	Ellos, Ellas, Ustedes van

Voy a la casa de mi vecino.
I am going to my neighbor's house.

ir a trabajar   to go to work
Nadie quiere ir a trabajar hoy.
No one wants to go to work today.

ir de compras   to go shopping
Las mujeres siempre quieren ir de compras.
Women always want to go shopping.

la isla   EES-la   noun, fem.   island
Los turistas visitan la isla.
The tourists visit the island.

izquierdo   ees-KYER-do   adjective, masc.   left
izquierda   (fem.)
Le duele el brazo izquierdo.
His left arm hurts.

a la izquierda   idiomatic   to the left
expression

J

el jamón   ja-MON   noun, masc.   ham
            Yo quiero un sandwich de jamón, por favor.
            I would like a ham sandwich, please.

el jardín   jar-DEEN   noun, masc.   garden
            Hay muchas flores en el jardín.
            There are many flowers in the garden.

el jefe   JE-fe   noun, masc.   leader
            El jefe del grupo es mi primo Guillermo.
            The leader of the group is my cousin William.

la joya   JO-ya   noun, fem.   jewel
            Ese anillo tiene una joya preciosa.
            That ring has a precious jewel.

la joyería   jo-ye-REE-a   noun, fem.   jewelry shop
            Hay joyas preciosas en la joyería.
            There are precious jewels in the jewelry shop.

el juego   JUE-go   noun, masc.   game
            ¿Conoces el juego de la gallina ciega?
            Do you know the game of Blindman's Buff?

el juego de mesa   noun, masc.   setting (table)
            El juego de mesa está completo.
            The table setting is complete.

jugar   ju-GAR   verb   to play (game)
              Yo juego   Nosotros jugamos
              Tú juegas   (Vosotros jugáis)
              Él, Ella, Usted   Ellos, Ellas, Ustedes
                juega   juegan
              Yo juego al béisbol todos los días.
              I play baseball everyday.

jugar al ajedrez   verb   to play chess
              Los muchachos juegan al ajedrez.
              The boys are playing chess.

jugar a la baraja verb   to play cards
jugar a los naipes
              Mi papá y sus amigos juegan baraja.
              My dad and his friends play cards.

jugar a las   verb   to play Chinese
  damas chinas   checkers
              Vamos a jugar a las damas chinas.
              Let's play Chinese checkers.

jugar a las   verb   to play
  escondidas (el escondido)   hide-and-seek
              ¿Quién quiere jugar a las escondidas?
              Who wants to play hide-and-seek?

jugar a la   verb   to play Blindman's
  gallina ciega   Buff
              Ellos juegan a la gallina ciega.
              They are playing Blindman's Buff.

el jugo   JU-go   noun, masc.   juice
              ¿Qué clase de jugo quiere usted?
              What kind of juice do you want?

el jugo de naranja   noun, masc.   orange juice
              Yo quiero un vaso grande de jugo de naranja.
              I want a large glass of orange juice.

---

el juguete   ju-GE-te   noun, masc.   toy
Es el juguete favorito del niño.
That's the little boy's favorite toy.

---

julio   JU-leeo   noun, masc.   July
Hace mucho calor en julio.
It's very hot in July.

---

junio   JU-neeo   noun, masc.   June
En junio no hay clases.
There are no classes in June.

---

juntos   JUN-tos   adverb   together
Ellos trabajan juntos en la tienda.
They work together at the store.

K

---

el kilómetro   kee-LO-me-tro   noun, masc.   kilometer
La casa de mi tío está a cinco kilómetros de
   Guadalajara.
My uncle's house is five kilometers from
   Guadalajara.

L

---

la   LA   pronoun, fem.   it
Siempre la comemos.
We always eat it

---

el labio   LA-beeo   noun, masc.   lip
Los labios son rojos.
Lips are red.

---

el ladrón   la-DRON   noun, masc.   burglar
El ladrón entra por la ventana.

The burglar comes in through the window.

---

el lago   LA-go   noun, masc.   lake
          Ellos nadan en el lago.
          They swim in the lake.

---

la lámpara   LAM-pa-ra   noun, fem.   lamp
          Esta lámpara no da suficiente luz.
          This lamp does not give enough light.

---

la lana   LA-na   noun, fem.   wool
          Las ovejas nos dan lana.
          Sheep give us wool.

---

el lápiz   LA-pees   noun, masc.   pencil
          Aquí está mi lápiz.
          Here is my pencil.

  el lápiz de color   noun, masc.   crayon, color pencil
          El alumno usa un lápiz de color.
          The pupil uses a crayon.

---

lavar   la-BAR   verb   to wash
          Yo lavo   Nosotros lavamos
          Tú lavas   (Vosotros laváis)
          Él, Ella, Usted   Ellos, Ellas, Ustedes
            lava   lavan
          La máquina lava la ropa.
          The machine washes the clothes.

  lavarse   verb   to wash oneself
          Yo me lavo   Nosotros nos lavamos

Tú te lavas   (Vosotros os laváis)
Él, Ella, Usted   Ellos, Ellas, Ustedes
   se lava   se lavan
Nos lavamos la cara y las manos todos los días.
We wash our face and hands every day.

---

la lección   lek-SEEON   noun, fem.   lesson
¿Quién sabe la lección de hoy?
Who knows today's lesson?

---

la leche   LE-che   noun, fem.   milk
Nos gusta mucho la leche.
We like milk a lot.

---

la lechuga   le-CHU-ga   noun, fem.   lettuce
Es una ensalada de lechuga y tomate.
It is a lettuce and tomato salad.

---

lejos   LE-jos   adjective   far
La iglesia no está lejos de aquí.
The church is not far from here.

lejos de   idiomatic   far from
                        expression

---

la lengua   LEN-gua   noun, fem.   tongue
Se usa la lengua para hablar.
You use your tongue to speak.

---

el león   le-ON   noun, masc.   lion

El león es el rey de la selva.
The lion is king of the jungle.

---

el leopardo   le-o-PAR-do   noun, masc.   leopard
El leopardo tiene una piel muy bonita.
The leopard has pretty fur!

---

levantar   le-ban-TAR   verb   to raise

Yo levanto   Nosotros levantamos
Tú levantas   (Vosotros levantáis)
Él, Ella, Usted   Ellos, Ellas, Ustedes
  levanta   levantan
El alumno levanta la mano cuando quiere
  preguntar algo.
The student raises his hand when he wants
  to ask something.

levantarse   verb   to get up

Yo me levanto   Nosotros nos levantamos
Tú te levantas   (Vosotros os levantáis)
Él, Ella, Usted   Ellos, Ellas, Ustedes
  se levanta   se levantan
¡No se levanten de los asientos!
Don't get up from your seats!

---

el libro   LEE-bro   noun, masc.   book
Los estudiantes tienen varios libros.
The students have several books.

---

el limón   lee-MON   noun, masc.   lemon
¿Te gusta el pastel de limón?
Do you like lemon pie?

---

el limpiador de   noun, masc.   street cleaner
calles   leem-peea-DOR-de-KA-lyes (KA-yes)

El limpiador de calles siempre está ocupado.
The street cleaner is always busy.

---

limpiar   leem-PEEAR   verb   to clean
   Yo limpio   Nosotros limpiamos
   Tú limpias   (Vosotros limpiáis)
   Él, Ella, Usted   Ellos, Ellas, Ustedes
     limpia   limpian
   ¿Quién limpia la casa hoy?
   Who is cleaning the house today?

---

limpio   LEEM-peeo   adjective, masc.   clean
limpia   (fem.)
             La casa de mis amigos siempre está limpia.
             My friend's house is always clean.

---

lo   LO   pronoun, masc.   it
  los   (plural)   them
             Juan lo pone en la mesa.
             Juan puts it on the table.

---

el lobo   LO-bo   noun, masc.   wolf
             En el cuento de "Caperucita," el lobo se viste
               como la abuela.
             **In the story of "Riding Hood," the wolf dresses
             like the grandmother.**

---

loco   LO-ko   adjective, masc.   crazy, mad
  loca   (fem.)
             Se vuelve loco cuando piensa en pasteles.
             He goes crazy when he thinks of pies.

---

el lodo   LO-do   noun, masc.   mud
             A veces el equipo de fútbol juega en el lodo.
             Sometimes the football team plays in the mud.

---

lograr   lo-GRAR   verb   to be successful
   Yo logro   Nosotros logramos
   Tú logras   (Vosotros lográis)
   Él, Ella, Usted   Ellos, Ellas, Ustedes
     logra   logran

Si practicas todos los días vas a lograr exito.
If you practice every day, you are going to be successful.

---

la luna   LU-na   noun, fem.   moon

Esta noche hay luna llena.
There is a full moon tonight.

---

el lunes   LU-nes   noun, masc.   Monday

El lunes comenzamos las clases.
Monday we start classes.

LL

---

llamar   lya-MAR, ya-MAR   verb   to call

Yo llamo	Nosotros llamamos
Tú llamas	(Vosotros llamáis)
Él, Ella, Usted	Ellos, Ellas, Ustedes
llama	llaman

Llaman por teléfono.
Someone's calling on the telephone.

llamarse   verb   to call oneself, as in

Me llamo Elena Jiménez.   "What's your
My name is Elena Jiménez.   name?"

---

la llave   LYA-be, YA-be   noun, fem.   key

¿Dónde está la llave de la casa?

Where is the house key?

---

llenar   lye-NAR, ye-NAR   verb   to fill
              Yo lleno   Nosotros llenamos
              Tú llenas   (Vosotros llenáis)
              Él, Ella, Usted   Ellos, Ellas, Ustedes
                llena   llenan
              La señora llena la canasta de fruta.
              The lady fills the basket with fruit.

---

lleno   LYE-no, YE-no   adjective, masc.   full
llena   (fem.)
              La caja está llena de ropa.
              The box is full of clothes.

---

llevar   lye-BAR, ye-BAR   verb   to take, to wear
              Yo llevo   Nosotros llevamos
              Tú llevas   (Vosotros lleváis)
              Él, Ella, Usted   Ellos, Ellas, Ustedes
                lleva   llevan
              Los niños llevan pantalones negros.
              The boys are wearing black pants.

---

llorar   lyo-RAR, yo-RAR   verb   to cry
              Yo lloro   Nosotros lloramos
              Tú lloras   (Vosotros lloráis)
              Él, Ella, Usted   Ellos, Ellas, Ustedes
                llora   lloran
              El bebé llora cuando quiere algo.
              The baby cries when he wants something.

M

---

la madre   MA-dre   noun, fem.   mother
              La madre sirve la comida.
              The mother serves the meal.

---

magnífico mag-NEE-fee-ko   adjective, masc. magnificent,
  magnífica (fem.)   great
        ¡Qué magnífica idea!
        What a great idea!

---

el maíz ma-EES   noun, masc.   corn
        Me gusta el maíz amarillo.
        I like yellow corn.

---

la maleta ma-LE-ta   noun, fem.   suitcase
        La maleta roja es mía.
        The red suitcase is mine.

---

malo MA-lo   adjective, masc.   bad
  mala (fem.)
        Ésa es una mala palabra.
        That is a bad word.

---

la mamá ma-MA   noun, fem.   mother, mom
        La mamá cuida a sus hijos.
        The mother takes care of her children.

  mamacita ma-ma-SEE-ta   noun, fem.   mama
        Mamacita, ¿ dónde están mis zapatos?
        Mom, where are my shoes?

---

mandar man-DAR   verb   to send
        Yo mando   Nosotros mandamos
        Tú mandas   (Vosotros mandáis)
        Él, Ella, Usted   Ellos, Ellas, Ustedes
           manda   mandan
        Voy a mandar este paquete por correo.
        I am going to send this package by mail.

---

la mano MA-no   noun, fem.   hand
        Si tienen preguntas, levanten la mano.
        If there are questions, raise your hand.

la mano derecha   right hand
la mano izquierda   left hand

Mi hermano escribe con la mano izquierda.

My brother writes with his left hand.

---

la mantequilla   man-te-KEE-lya,   noun, fem.   butter
                    man-te-KEE-ya

El niño come pan y mantequilla.

The boy is eating bread and butter.

---

la manzana   man-SA-na   noun, fem.   apple

Esta manzana está dulce.

This apple is sweet.

---

el mapa   MA-pa   noun, masc.   map

ARGENTINA

Busca esa ciudad en el mapa.

Look for that city on the map.

---

la máquina   MA-kee-na   noun, fem.   machine
La máquina de lavar no anda muy bien.
The washing machine is not working well.

---

maravilloso   adjective, masc.   marvellous
          ma-ra-bee-LYO-so, ma-ra-bee-YO-so
  maravillosa   (fem.)
          Es un juguete maravilloso.
          It is a marvellous toy.

---

el mármol   MAR-mol   noun, masc.   marble
El hotel tiene pisos de mármol.
The hotel has marble floors.

---

el martillo   mar-TEE-lyo,   noun, masc.   hammer
mar-TEE-yo
          El trabajador usa el martillo.
          The worker uses the hammer.

---

marzo   MAR-so   noun   March
En marzo hace mucho viento.
It is very windy in March.

---

más   MAS   adjective; adverb   more
Él quiere más papas en su plato.
He wants more potatoes on his plate.

---

  más tarde   idiomatic   later
          expression
Más tarde jugamos en el parque.
Later we will play in the park.

---

matar   ma-TAR   verb   to kill
          Yo mato   Nosotros matamos
          Tú matas   (Vosotros matáis)
          Él, Ella, Usted   Ellos, Ellas, Ustedes
            mata   matan

Yo no quiero matar al ratón; mátalo tú.
I don't want to kill the mouse; you kill it.

---

el mecánico   me-KA-nee-ko   noun, masc.   mechanic
Yo tengo un tío que es mecánico.
I have an uncle who is a mechanic.

---

el mecanógrafo me-ka-NO-gra-fo   noun, masc.   typist
  la mecanógrafa   (fem.)
Mi amiga es mecanógrafa en esa oficina.
My friend is a typist in that office.

---

la medicina   me-di-SI-na   noun, fem.   medicine
Es hora de tomar la medicina.
It is time to take the medicine.

---

medio   ME-deeo   adjective, masc.   half
  media   (fem.)
Se come media sandía.
He eats half a watermelon.
mediodía   noon
media hora   half an hour
medianoche   midnight
En media hora llegamos a San Francisco.
In half an hour we will be in San Francisco.

---

menos   ME-nos   adverb   less, minus
Veinte menos nueve son once.
Twenty minus nine is eleven.

---

la mentira   men-TEE-ra   noun, fem.   falsehood, lie
Es una mentira; no es la verdad.
It is a lie; it is not the truth.

---

el menú   me-NU   noun, masc.   menu
Escoja su comida del menú.
Choose your meal from the menu.

---

el mercado mer-KA-do   noun, masc.   market
La señora compra legumbres frescas en
el mercado.
The lady buys fresh vegetables at the market.

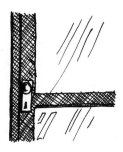

la merienda me-RYEN-da   noun, fem.   afternoon, coffee
                                                        snack
Hay sandwiches y pan dulce para la merienda.
There are sandwiches and sweet rolls for the
afternoon coffee.

el mes MES   noun, masc.   month
¿En qué mes es tu cumpleaños?
In which month is your birthday?

la mesa ME-sa   noun, fem.   table
No pongan los libros en la mesa.
Don't put books on the table.

la mesera me-SE-ra   noun, fem.   waitress
  el mesero (masc.)   waiter
Las meseras llevan uniforme blanco en este
restaurante.
The waitresses wear white uniforms in this
restaurant.

el metro ME-tro   noun, masc.   subway
El metro nos lleva a la estación en diez minutos.

The subway will take us to the station in
ten minutes.

---

mi MEE   adjective   my

mis (plural)

Mi cuaderno es azul.
My notebook is blue.

---

el miembro MYEM-bro   noun, masc.   member

Mi hermano es miembro de un club de béisbol.
My brother is a member of a baseball club.

---

el miércoles MYER-ko-les   noun, masc.   Wednesday

El miércoles vamos a un nuevo restaurante.
Wednesday we are going to a new restaurant.

---

mil MEEL   adjective   thousand

Hay mil palabras en este diccionario.
There are a thousand words in this dictionary.

---

la milla MEE-lya, MEE-ya   noun, fem.   mile

Él puede correr una milla.
He can run a mile.

---

el millón mee-LYON, mee-YON   noun, masc.   million

Todo el mundo quiere tener un millón de dólares.
Everybody wants to have a million dollars.

---

mimado mee-MA-do   adjective, masc.   spoiled

mimada (fem.)

Mi hermanito es un niño mimado.
My little brother is a spoiled child.

---

el minuto mee-NU-to   noun, masc.   minute

Es un minuto después de las dos.
It is a minute past two o'clock.

---

mirar   mee-RAR   verb   to look at, to watch
           Yo miro   Nosotros miramos
           Tú miras   (Vosotros miráis)
           Él, Ella, Usted   Ellos, Ellas, Ustedes
              mira   miran
           Ellos miran un programa de televisión.
           They are watching a television program.

---

mismo   MEES-mo   pronoun, masc.   myself
  misma   (fem.)
           Yo mismo puedo hacerlo.
           I can do it myself.

---

mojado   mo-JA-do   adjective, masc.   wet
  mojada   (fem.)
           La blusa está mojada.
           The blouse is wet.

---

el mono   MO-no   noun, masc.   monkey
           El mono está en la jaula.
           The monkey is in the cage.

---

la montaña   mon-TA-nya   noun, fem.   mountain
           Hay nieve en la montaña.
           There is snow on the mountain.

el monte   MON-te   noun, masc.   woods
           Los animales corren en el monte.
           The animals are running in the woods.

---

el mosquito   mos-KEE-to   noun, masc.   bug, mosquito

El mosquito es chiquito pero pica.

The bug is small, but it stings.

---

mostrar   mos-TRAR   verb   to show

Yo muestro   Nosotros mostramos

Tú muestras   (Vosotros mostráis)

Él, Ella, Usted   Ellos, Ellas, Ustedes

    muestra   muestran

Muéstrame tu libro nuevo.

Show me your new book.

---

mover   mo-BER   verb   to move

Yo muevo   Nosotros movemos

Tú mueves   (Vosotros movéis)

Él, Ella, Usted   Ellos, Ellas, Ustedes

    mueve   mueven

Los estudiantes mueven los libros del escritorio

    a la mesa.

The students move the books from the desk

    to the table.

---

el mozo   MO-so   noun, masc.   waiter

El mozo es guapo.

The waiter is handsome.

---

mucho MU-cho   adjective, masc.   much, many, a lot

mucha (fem.)

Hay mucha gente en el cine.

There are many people in the movies.

---

mucho   MU-cho   adverb   much

Ella come mucho.

She eats a lot.

---

la mujer   mu-JER   noun, fem.   woman

Esa mujer no es la madre de Jorge.

That woman is not George's mother.

---

el mundo   MUN-do   noun, masc.   world
> Todos quieren hacer un viaje alrededor del mundo.
> Everyone wants to take a trip around the world.

---

el museo   mu-SE-o   noun, masc.   museum
> En el museo hay pinturas famosas.
> There are famous paintings in the museum.

---

la música   MU-see-ka   noun, fem.   music
> Me gusta mucho la música moderna.
> I like modern music a lot.

---

muy   MUEE   adverb   very
> El maestro es muy bueno.
> The teacher is very good.

    muy bien   idiomatic expression   very well
> Ellas hablan español muy bien.
> They speak Spanish very well.

N

---

la nación   na-SEEON   noun, fem.   nation
> El Perú es una nación.
> Peru is a nation.

---

nada   NA-da   pronoun   nothing
> No es nada.
> It is nothing.

---

nadar   na-DAR   verb   to swim

Yo nado	Nosotros nadamos
Tú nadas	(Vosotros nadáis)
Él, Ella, Usted	Ellos, Ellas, Ustedes

nada   nadan
Durante el verano nadamos todos los días.
We swim every day during summer.

---

necesitar ne-se-see-TAR   verb   to need
          Yo necesito   Nosotros necesitamos
          Tú necesitas   (Vosotros necesitáis)
          Él, Ella, Usted   Ellos, Ellas, Ustedes
            necesita   necesitan
          Hoy necesitamos hacer muchas cosas.
          Today we need to do many things.

---

nevar ne-BAR   verb   to snow

   nieva NYE-ba   It snows. It is snowing.
          En Colorado muchas veces nieva en marzo.
          It often snows in Colorado in March.

---

el nido NEE-do   noun, masc.   nest
          Hay un nido en ese árbol.
          There is a nest in that tree.

---

la nieta NYE-ta   noun, fem.   granddaughter
          La señora tiene una nieta.
          The lady has one granddaughter.

---

el nieto NYE-to   noun, masc.   grandson
          Juan es el primer nieto de mi madre.
          John is my mother's first grandson.

---

la nieve   NYE-be   noun, fem.   snow
La nieve es blanca y bonita.
The snow is white and beautiful.

---

la niña   NEE-nya   noun, fem.   girl
La niña tiene diez años.
The girl is ten years old.

---

el niño   NEE-nyo   noun, masc.   boy
El niño lleva una camisa azul.
The boy is wearing a blue shirt.

los niños   noun, masc.   children
Los niños juegan al béisbol.
The children play baseball.

¿No?   NO   interjection   Aren't you?
Vas al cine, ¿no?
You are going to the movies, aren't you?

¿no cree usted?   Don't you think so?
¿no estás de acuerdo?   Don't you agree?

---

la noche   NO-che   noun, fem.   night
El papá de Elena trabaja por la noche.
Helen's father works at night.

---

no hay entrada   idiomatic   no admission
no-aee-en-TRA-da   expression   do not enter
no entrar
no se permite entrar

---

el nombre   NOM-bre   noun, masc.   name
¿Cuál es el nombre de la medicina?
What is the name of the medicine?

---

el norte   NOR-te   adverb; adjective;   north
noun, masc.

Ellos viven en el norte de los Estados Unidos.
They live in the north of the United States.

---

la nota musical   noun, fem.   musical note
no-ta-mu-see-KAL
¿Con qué nota musical comienza esta canción?
With what note does this song start?

---

noventa   no-BEN-ta   adjective   ninety
Esta escuela tiene noventa maestros.
This school has ninety teachers.

---

noviembre   no-BYEM-bre   noun, masc.   November
El cumpleaños de Patricia es el catorce de
noviembre.
Patricia's birthday is November 14.

---

la nube   NU-be   noun, fem.   cloud

La nube gris nos trae lluvia.
The gray cloud brings us rain.

---

nuestro   NUES-tro   adjective; pronoun   our, ours
Ese libro es nuestro.
That book is ours.
Ése es nuestro libro.
That is our book.

---

nueve   NUE-be   adjective   nine
La casa de mi tía tiene nueve cuartos.

My aunt's house has nine rooms.

---

nuevo NUE-bo   adjective, masc.   new
  nueva (fem.)

  Yo tengo una bicicleta nueva.
  I have a new bicycle.

---

el número NU-me-ro   noun, masc.   number

  El número 10 gana el premio.
  Number 10 wins the prize.

---

nunca NUN-ka   adverb   never

  Él nunca quiere jugar al tenis.
  He never wants to play tennis.

O

---

obedecer o-be-de-SER   verb   to obey

Yo obedezco	Nosotros obedecemos
Tú obedeces	(Vosotros obedecéis)
Él, Ella, Usted	Ellos, Ellas, Ustedes
obedece	obedecen

  Nosotros obedecemos a nuestros padres.
  We obey our parents.

---

octubre ok-TU-bre   noun, masc.   October

  En los Estados Unidos, los niños celebran el 31
    de octubre.
  In the United States, children celebrate
    October 31.

---

ocupado o-ku-PA-do   adjective, masc.   occupied,
  ocupada (fem.)   busy

  Mi mamá siempre está muy ocupada.
  My mother is always very busy.

---

ocho O-cho   adjective   eight

Yo tengo ocho monedas.
I have eight coins.

---

odiar   o-DEEAR   verb   to hate

Yo odio	Nosotros odiamos
Tú odias	(Vosotros odiáis)
Él, Ella, Usted	Ellos, Ellas, Ustedes
odia	odian

Los alumnos odian esos ejercicios.
Pupils hate those exercises.

---

el oeste   o-ES-te   adverb; adjective;   west
                          noun, masc.

En el oeste de Texas hay nieve en invierno.
There is snow in west Texas in winter.

---

la oficina   o-fee-SEE-na   noun, fem.   office

Él trabaja en una oficina.
He works in an office.

---

oír   o-EER   verb   to hear

Yo oigo	Nosotros oímos
Tú oyes	(Vosotros oís)
Él, Ella, Usted	Ellos, Ellas, Ustedes
oye	oyen

Yo oigo un ruido extraño.
I hear a strange noise.

---

el ojo   O-jo   noun, masc.   eye

Ella trae un ojo rojo.
She has a red eye.

OK!   o-KE   interjection   OK!

¡OK! Vamos a comer ahora.
OK! Let's eat now.

---

la ola   O-la   noun, fem.   wave (water)

Él pasea en una ola.

He is riding a wave.

---

oler   o-LER   verb   to smell
           Yo huelo   Nosotros olemos
           Tú hueles   (Vosotros oléis)
           Él, Ella, Usted   Ellos, Ellas, Ustedes
             huele   huelen
           La niña huele las flores.
           The little girl is smelling the flowers.

---

olvidar   ol-bee-DAR   verb   to forget
              Yo olvido   Nosotros olvidamos
              Tú olvidas   (Vosotros olvidáis)
              Él, Ella, Usted   Ellos, Ellas, Ustedes
                olvida   olvidan
              No olviden ustedes sus libros.
              Don't forget your books.

---

once   ON-se   adjective   eleven
           El hombre trae once billetes en su cartera.
           The man has eleven bills in his wallet.

---

la onda   ON-da   noun, fem.   wave
              Es un radio de onda corta.
              It's a short wave radio.

---

la oración   o-ra-SEEON   noun, fem.   prayer
                 Todos dicen oraciones en la iglesia.
                 They all say prayers in church.

---

ordenar   or-de-NAR   verb   to order
              Yo ordeno   Nosotros ordenamos
              Tú ordenas   (Vosotros ordenáis)
              Él, Ella, Usted   Ellos, Ellas, Ustedes
                ordena   ordenan
              Vamos a ordenar lo mismo.
              Let's order the same.

---

la oreja o-RE-ja   noun, fem.   ear
          La oreja derecha le duele.
          His right ear hurts.

---

la orilla o-REE-lya, o-REE-ya   noun, fem.   shore, edge
          Les gusta sentarse en la orilla del lago.
          They like to sit on the edge of the lake.

---

el oro O-ro   noun, masc.   gold
          El oro vale mucho.
          Gold is worth a lot.

---

el oso O-so   noun, masc.   bear
          Es un oso negro.
          It is a black bear.

---

el otoño o-TO-nyo   noun, masc.   autumn
          En el otoño los árboles se ponen de rojo, amarillo
          y muchos otros colores.
          In autumn the trees turn red, yellow and many
          other colors.

---

el otro O-tro   pronoun   other
          El lápiz azul es mío. El otro es de Juana.
          The blue pencil is mine. The other is Jane's.

---

otro O-tro   adjective; pronoun, masc.   another,
otra (fem.)   other

¿Quieres otro libro?
Do you want another book?

otra vez   O-tra-BES   adverb   again, once more
Vamos a jugar a la gallina ciega otra vez.
Let's play blindman's buff again.

P

---

el padre   PA-dre   noun, masc.   father
  los padres   (plural)   parents
Los padres vienen a la escuela para ver un
     programa especial.
The parents are coming to school to see a
     special program.

---

pagar   pa-GAR   verb   to pay
Yo pago	Nosotros pagamos
Tú pagas	(Vosotros pagáis)
Él, Ella, Usted	Ellos, Ellas, Ustedes
paga	pagan

Mi papá paga la cuenta.
My father pays the bill.

---

la página   PA-jee-na   noun, fem.   page
Miren la página veinte.
Look at page twenty.

---

el país   pa-EES   noun, masc.   country
Nuestro país es hermoso.
Our country is beautiful.

---

el pájaro   PA-ja-ro   noun, masc.   bird

El pájaro tiene un nido en el árbol.
The bird has a nest in the tree.

---

el palacio   pa-LA-seeo   noun, masc.   palace
La reina vive en un palacio.
The queen lives in a palace.

---

el palo   PA-lo   noun, masc.   stick
  el palito   the little stick
El niño juega con un palo.
The boy plays with a stick.

---

el pan   noun masc.   bread
Me gusta mucho el pan.
I like bread very much.

  el pan tostado   noun, masc.   toast
Hay pan tostado para el desayuno.
There is toast for breakfast.

---

la panadería   pa-na-de-REE-a   noun, fem.   bakery
Se compra pan en la panadería.
You can buy bread in the bakery.

---

el panadero   pa-na-DE-ro   noun, masc.   baker
El panadero hace el pan.
The baker bakes the bread.

---

los pantalones   noun, masc.   pants, trousers
     pan-ta-LO-nes
Él lleva pantalones blancos.
He is wearing white pants.

---

el pañuelo   pa-NYUE-lo   noun, masc.   handkerchief
Es un pañuelo fino.
It is a fine handkerchief.

---

la papa   PA-pa   noun, fem.   potato
¿Quieres papa con mantequilla?
Would you like a potato with butter?

el papá   pa-PA   noun, masc.   father, dad
Papá, ¿dónde está mamá?
Dad, where is Mom?

  el papacito   noun, masc.   papa

el papalote   pa-pa-LO-te   noun, masc.   kite
El papalote (la cometa) vuela muy alto.
The kite is flying very high.

el papel   pa-PEL   noun, masc.   paper
Ellos escriben en el papel.
They write on the paper.

pasear   pa-se-AR   verb   to take a walk

Yo paseo	Nosotros paseamos
Tú paseas	(Vosotros paseáis)
Él, Ella, Usted	Ellos, Ellas, Ustedes
pasea	pasean

Los domingos ellos pasean en el parque.
On Sunday, they take a walk in the park.

  pasear en coche   verb   to take a ride

el paseo   pa-SE-o   noun, masc.   walk, ride
Ellos dan un paseo.
They take a walk.

el paso   PA-so   noun, masc.   step
El bebé toma un paso.
The baby takes a step.

la pasta dental   PAS-ta-den-TAL   noun, fem.   toothpaste

Todos deben usar la pasta dental todos los días.
Everyone should use toothpaste every day.

---

el pastel   pas-TEL   noun, masc.   pie
El panadero prepara un pastel.
The baker is preparing a pie.

el pastel de manzana   noun, masc.   apple pie
Le gusta mucho el pastel de manzana.
He likes apple pie very much.

---

la pata   PA-ta   noun, fem.   foot (of an animal
                                     or object)

La pata de la mesa está rota.
The foot of the table is broken.

---

el patín   pa-TEEN   noun, masc.   skate
Roberto tiene patines nuevos.
Robert has new skates.

---

patinar   pa-tee-NAR   verb   to skate

Yo patino	Nosotros patinamos
Tú patinas	(Vosotros patináis)
Él, Ella, Usted	Ellos, Ellas, Ustedes
patina	patinan

¿Sabes patinar?
Do you know how to skate?

---

el payaso   pa-YA-so   noun, masc.   clown
El payaso es cómico.
The clown is funny.

---

el pececito   pe-se-SEE-to   noun, masc.   little fish
Yo tengo un pececito.
I have a little fish.

---

el pedazo   pe-DA-so   noun, masc.   piece

¿Quieres un pedazo de sandía?

Do you want a piece of watermelon?

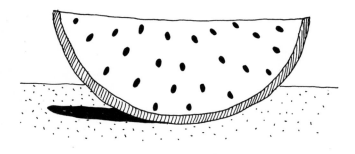

---

pedir pe-DEER   verb   to request, to ask for
    Yo pido   Nosotros pedimos
    Tú pides   (Vosotros pedís)
    Él, Ella, Usted   Ellos, Ellas, Ustedes
      pide   piden

    El muchacho pide un dulce.

The boy asks for a piece of candy.

---

pedir prestado pe-DEER-pres-TA-do   verb   to borrow

    Él no tiene dinero, pero no quiere pedir prestado.

**He doesn't have any money, but he doesn't want
    to borrow.**

---

pegar pe-GAR   verb   to paste, to glue, to hit
    Yo pego   Nosotros pegamos
    Tú pegas   (Vosotros pegáis)
    Él, Ella, Usted   Ellos, Ellas, Ustedes
      pega   pegan
    Vamos a pegar los animales en el cuadro.

Let's paste the animals in the picture.

---

la película pe-LEE-ku-la   noun, fem.   movie, film
    Vamos a ver una película muy interesante.

We are going to see a very interesting movie.

---

el pelo PE-lo   noun, masc.   hair
La muñeca tiene el pelo negro.
The doll's hair is black.

---

la pelota pe-LO-ta   noun, fem.   ball
Los muchachos juegan con la pelota.
The boys play with the ball.

---

pensar pen-SAR   verb   to think
Yo pienso   Nosotros pensamos
Tú piensas   (Vosotros pensáis)
Él, Ella, Usted   Ellos, Ellas, Ustedes
   piensa   piensan

¿Qué piensa Ud. de este libro?
What do you think of this book?

---

pequeño pe-KE-nyo   adjective, masc.   small, little
pequeña (fem.)
El coche es pequeño.
The car is small.

---

la pera PE-ra   noun, fem.   pear
La pera es mi fruta favorita.
Pears are my favorite fruit.

---

perder per-DER   verb   to lose

Yo pierdo   Nosotros perdemos
Tú pierdes   (Vosotros perdéis)
Él, Ella, Usted   Ellos, Ellas, Ustedes
   pierde   pierden
No quiero perder este lápiz.
I don't want to lose this pencil.

Perdóneme   per-DO-ne-me   idiomatic   excuse me,
                               expression   pardon me
            Perdóneme. ¿Puede Ud. repetirlo?
            Excuse me. Can you repeat it?

---

perezoso pe-re-SO-so   adjective, masc.   lazy
   perezosa (fem.)
            Mi hermano es muy perezoso.
            My brother is very lazy.

---

el perico pe-REE-ko   noun, masc.   parrot, parakeet
            ¿De qué color es el perico?
            What color is the parrot?

---

el periódico pe-REEO-dee-ko   noun, masc.   newspaper
            El señor lee el periódico.
            The man reads the newspaper.

---

el permiso   permission,
                                              permit
            Él tiene permiso para ir.
            He has permission to go.

---

pero PE-ro   conjunction   but
            Yo sé nadar, pero él no sabe.
            I know how to swim, but he doesn't.

---

el perro PE-rro   noun, masc.   dog
   el perrito   little dog
            Mi perro se llama "Samuel."
            My dog's name is Sam.

---

el pescado   pes-KA-do   noun, masc.   fish
          Hay pescado para la cena.
          There is fish for dinner.

---

el pez   PES   noun, masc.   fish (live)
          El pez está en el acuario.
          The fish is in the aquarium.

---

el piano   PEEA-no   noun, masc.   piano
          Mi hermana toca el piano.
          My sister plays the piano.

---

picar   pee-KAR   verb   to bite, sting
                                                    (mosquitoes)
          Los zancudos pican mucho.
          Mosquitoes bite a lot.

---

pícaro   PEE-ka-ro   adjective, masc.   naughty
          Tengo un amigo muy pícaro.
          I have a naughty friend.

---

el pico   PEE-ko   noun, masc.   beak
          El pollo come con el pico.
          The chick eats with its beak.

---

el pie   PYE   noun, masc.   foot
  los pies   (plural)   feet
          Me duele el pie.
          My foot hurts.

---

la piedra   PYE-dra   noun, fem.   rock, stone
          ¡No tiren piedras!
          Don't throw rocks!

---

la piel   PYEL   noun, fem.   skin, fur
          La piel del animal es suave.
          The animal's fur is soft.

---

la pierna PYER-na   noun, fem.   leg
    Él tiene una pierna quebrada.
    He has a broken leg.

las pijamas pee-JA-mas   noun, fem.   pajamas
    Nos ponemos las pijamas para dormir.
    We put on our pajamas to go to bed.

el piloto pee-LO-to   noun, masc.   pilot
    El piloto conduce el avión.
    The pilot drives the plane.

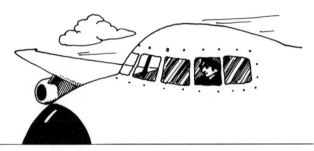

pintar peen-TAR   verb   to paint
    Yo pinto   Nosotros pintamos
    Tú pintas   (Vosotros pintáis)
    Él, Ella, Usted   Ellos, Ellas, Ustedes
      pinta   pintan
    Los hombres pintan la casa.
    The men are painting the house.

la piscina pee-SEE-na   noun, fem.   pool
    Vamos a nadar en la piscina.
    Let's go swimming in the pool.

la pizarra pee-SA-rra   noun, fem.   chalkboard
  el pizarrón pi-sa-RON   (masc.)
    La maestra escribe en la pizarra.
    The teacher writes on the chalkboard.

el placer pla-SER   noun, masc.   pleasure
        Es un placer ir a la playa.
        It is a pleasure to go to the beach.

la plancha PLAN-cha   noun, fem.   iron
        Es una plancha de vapor.
        It is a steam iron.

planchar plan-CHAR   verb   to iron
        Yo plancho   Nosotros planchamos
        Tú planchas   (Vosotros plancháis)
        Él, Ella, Usted   Ellos, Ellas, Ustedes
          plancha   planchan
        Josefina plancha mis camisas.
        Josephine irons my shirts.

el planeta pla-NE-ta   noun, masc.   planet
        Los astronautas viajan fuera de este planeta.
        The astronauts travel outside of this planet.

la planta PLAN-ta   noun, fem.   plant
        La planta necesita agua.
        The plant needs water.

la planta baja plan-ta-BA-ja   noun, fem.   first floor
        Las oficinas están en la planta baja.
        The offices are on the first floor.

---

la plata   PLA-ta   noun, fem.   silver
Yo tengo un anillo de plata.
I have a silver ring.

---

el plátano   PLA-ta-no   noun, masc.   banana
Me gusta el cereal con plátano.
I like cereal with bananas.

---

el plato   PLA-to   noun, masc.   dish
¿Quién lava los platos en tu casa?
Who washes dishes in your home?

el platito   pla-TEE-to   noun, masc.   saucer
Elena trae un platito para la taza.
Helen brings a saucer for the cup.

---

la playa   PLA-ya   noun, fem.   beach
El domingo vamos a la playa.
Sunday we are going to the beach.

---

pobre   PO-bre   adjective   poor
La gente pobre no tiene dinero.
Poor people don't have any money.

---

poco   PO-ko   adverb   a little bit
(poquito)
¿Hablas español? Un poco.
Do you speak Spanish? A little.

---

poder   po-DER   verb   to be able to, can
Yo puedo   Nosotros podemos
Tú puedes   (Vosotros podéis)
Él, Ella, Usted   Ellos, Ellas, Ustedes
  puede   pueden
Mi papá dice que no puedo ir.
My dad says I can't go.

---

el policía   po-lee-SEE-a   noun, masc.   policeman

El policía ayuda a los niños.
The policeman helps the children.

---

poner po-NER   verb   to put, place, set
                                                      (the table)

Yo pongo	Nosotros ponemos
Tú pones	(Vosotros ponéis)
Él, Ella, Usted	Ellos, Ellas, Ustedes
pone	ponen

El hijo pone la mesa.
The son sets the table.

   ponerse   verb   to set (sun), to put on
   El sol se pone en el oeste.
   The sun sets in the west.

¡Presta atención!   idiomatic   Pay attention!
     PRES-ta-ten-SEEON   expression
          Por favor, presta atención
          Please, pay attention.

---

por   preposition   through, by, for
          El niño mira por la ventana.
          The child looks through the window.

   por auto   preposition   by car
   Vamos a viajar por auto.
   We are going to travel by car.

   por avión   preposition   by airplane, airmail
   La carta va por avión.
   The letter is going airmail.

   por correo   preposition   by mail
   La contestación viene por correo.
   The answer will come through the mail.

   por favor   interjection   please
   ¡Por favor! Lávate las manos.
   Please ! Wash your hands.

---

porque POR-KE   adverb   because
  Él no va porque no tiene permiso.
  He is not going because he doesn't have
  permission.

por qué POR-KE   adverb   why
  ¿Por qué no puedes ir? Porque no tengo permiso.
  Why can't you go? Because I don't have
  permission.

el portafolio por-ta-FO-leeo   noun, masc.   briefcase
  Mi vecino lleva su portafolio.
  My neighbor takes his briefcase.

el postre POS-tre   noun, masc.   dessert
  El postre es pastel de cereza.
  The dessert is cherry pie.

preferir pre-fe-REER   verb   to prefer
  Yo prefiero   Nosotros preferimos
  Tú prefieres   (Vosotros preferís)
  Él, Ella, Usted   Ellos, Ellas, Ustedes
    prefiere   prefieren
  Yo prefiero jugo de naranja.
  I prefer orange juice.

la pregunta pre-GUN-ta   noun, fem.   question
  Juan tiene una pregunta.
  John has a question.

preparado pre-pa-RA-do   adjective, masc.   ready
  preparada (fem.)
              Margarita está preparada.
              Margarite is ready.

---

preparar pre-pa-RAR   verb   to prepare
              Yo preparo   Nosotros preparamos
              Tú preparas   (Vosotros preparáis)
              Él, Ella, Usted   Ellos, Ellas, Ustedes
                prepara   preparan
              María prepara la comida.
              Mary prepares dinner.

---

presente pre-SEN-te   adjective   present, here
              Patricia no está presente.
              Patricia is not present.

---

el presidente pre-see-DEN-te   noun, masc.   president
              El presidente de los Estados Unidos visita a la
                América del Sur.
              **The President of the United States is visiting
                South America.**

---

prestar pres-TAR   verb   to lend
              Yo presto   Nosotros prestamos
              Tú prestas   (Vosotros prestáis)
              Él, Ella, Usted   Ellos, Ellas, Ustedes
                presta   prestan
              Yo le presto papel a Gloria.
              I lend Gloria paper.

---

la primavera pree-ma-BE-ra   noun, fem.   spring
              Hay muchas flores en la primavera.
              There are many flowers in the spring.

---

primero pree-ME-ro   adjective, masc.   first
  primera (fem.)

¿Quién es primero?
Who is first?

---

primo PREE-mo   noun, masc.   cousin
prima (fem.)

Mi primo se llama Jorge.
My cousin's name is George.

---

la princesa preen-SE-sa   noun, fem.   princess
La princesa es la hija del rey.
The princess is the king's daughter.

---

el príncipe PREEN-see-pe   noun, masc.   prince
El príncipe es el hijo de la reina.
The prince is the queen's son.

---

prometer pro-me-TER   verb   to promise

Yo prometo	Nosotros prometemos
Tú prometes	(Vosotros prometéis)
Él, Ella, Usted	Ellos, Ellas, Ustedes
promete	prometen

Yo prometo ser bueno.
I promise to be good.

---

pronto PRON-to   adverb   quickly, soon
Los estudiantes acaban su trabajo pronto.
The students finish their work quickly.

---

la propina pro-PEE-na   noun, fem.   tip
El mesero espera una propina.
The waiter expects a tip.

---

propio PRO-peeo   adjective, masc.   one's own
propia (fem.)
Todos usan su propio papel.
Everyone uses his (her) own paper.

---

próximo   PROK-see-mo   adjective, masc.   next
  próxima   (fem.)
>> La semana próxima hay un día de fiesta.
>> Next week there is a holiday.

---

la prueba   PRUE-ba   noun, fem.   test
>> La prueba en aritmética es mañana.
>> The arithmetic test is tomorrow.

---

el pueblo   PUE-blo   noun, masc.   town
>> La familia García vive en un pueblo de Texas.
>> The García family lives in a Texas town.

---

pues   PUES   adverb; conjunction   well, since
>> Pues, vamos.
>> Well, let's go.

Q

---

qué   KE   Interogative   which, what
                 pronoun
>> ¿Qué quieres?
>> What do you want?

  ¿Qué clase de . . . ?   What kind of . . .
  ¿Qué tipo de . . . ?   What type of . . .
>> ¿Qué clase de dulces quiere usted?
>> What kind of candy do you want?

  ¡Qué lástima!   ke-LAS-tee-ma   too bad
>> ¡Qué lástima! No vamos a nadar.
>> Too bad! We're not going swimming.

---

quedarse   ke-DAR-se   verb   to stay
>> Mis hermanos no quieren quedarse con mi tía.
>> My brothers don't want to stay with my aunt.

---

quejarse   ke-JAR-se   verb   to complain
                  Yo me quejo   Nosotros nos quejamos
                  Tú te quejas   (Vosotros os quejáis)
                  Él, Ella, Usted   Ellos, Ellas, Ustedes
                     queja   quejan

No me gusta la gente que se queja mucho.
I don't like people who complain a lot.

---

quemar   ke-MAR   verb   to burn
                  Yo quemo   Nosotros quemamos
                  Tú quemas   (Vosotros quemáis)
                  Él, Ella, Usted   Ellos, Ellas, Ustedes
                     quema   queman

¡Cuidado! El cerillo puede quemar.
Careful! The match can burn.

---

querer   ke-RER   verb   to want
                  Yo quiero   Nosotros queremos
                  Tú quieres   (Vosotros queréis)
                  Él, Ella, Usted   Ellos, Ellas, Ustedes
                     quiere   quieren

Ellos quieren comer ahora.
They want to eat now.

---

querido   ke-REE-do   adjective, masc.   loved, dear

querida (fem.)
>   La maestra es querida por todos los niños.
>   The teacher is loved by all the children.

---

el queso KE-so noun, masc.   cheese
>   . Me gusta el queso con fruta.
>   I like cheese with fruit.

---

quién KYEN interrogative   who
>   pronoun
>   ¿Quién quiere jugar?
>   Who wants to play?

---

quieto KYE-to adjective, masc.   quiet
quieta (fem.)
>   Todo está muy quieto.
>   Everything is very quiet.

---

quitar kee-TAR verb   to remove, take off
>   Yo quito   Nosotros quitamos
>   Tú quitas   (Vosotros quitáis)
>   Él, Ella, Usted   Ellos, Ellas, Ustedes
>   quita   quitan
>   Ella quita la botella de la mesa.
>   She removes the bottle from the table.

---

quizá kee-SA, kee-SAS adverb   perhaps, maybe
quizás
>   ¿Vas al cine esta noche? Quizá.
>   Are you going to the movies tonight? Maybe.

R

---

el radio RA-deeo noun, masc.   radio
>   Es un radio de onda corta.
>   It is a short wave radio.

la radio   radio program

---

la rama   RA-ma   noun, fem.   branch
Esa rama no tiene hojas.
That branch doesn't have any leaves.

el ramo de flores   noun, masc.   bouquet
ra-mo-de-FLO-res
Los niños le dan un ramo de flores a la maestra.
The children give the teacher a bouquet.

la rana   RA-na   noun, fem.   frog
Cuando salgo al jardín veo las ranas.
When I go out to the garden, I see the frogs.

rápido   RA-pee-do   adjective, masc.   rapid, fast
rápida   (fem.)
Esa máquina es muy rápida.
The machine is very fast.

el rascacielos ras-ka-SYE-los   noun, masc.   skyscraper
Ese edificio es el rascacielos más alto de
la ciudad.
That building is the highest skyscraper in the city.

la rata   RA-ta   noun, fem.   rat
La rata es un animal feo.
The rat is an ugly animal.

el ratón   ra-TON   noun, masc.   mouse
El ratón se esconde allí.
The mouse hides there.

la recámara   re-KA-ma-ra   noun, fem.   bedroom
Hay camas gemelas en mi recámara. (mi alcoba)
There are twin beds in my bedroom.

el refresco   re-FRES-ko   noun, masc.   refreshment,
soft-drink
Quiero un refresco. Tengo mucha sed.
I want a soft-drink. I'm very thirsty.

---

el regalo   re-GA-lo   noun, masc.   gift, present
Yo tengo un regalo de cumpleaños para mi amigo Raúl.
I have a birthday gift for my friend Raúl.

---

regañar   re-ga-NYAR   verb   to scold

Yo regaño	Nosotros regañamos
Tú regañas	(Vosotros regañáis)
Él, Ella, Usted regaña	Ellos, Ellas, Ustedes regañan

Si no ponemos atención, el maestro nos regaña.
If we don't pay attention, the teacher scolds us.

---

regresar   re-gre-SAR   verb   to return

Yo regreso	Nosotros regresamos
Tú regresas	(Vosotros regresáis)
Él, Ella, Usted regresa	Ellos, Ellas, Ustedes regresan

El señor regresa a casa muy tarde.
The man returns home very late.

---

reír   re-EER   verb   to laugh

Yo río	Nosotros reímos
Tú ríes	(Vosotros reís)
Él, Ella, Usted ríe	Ellos, Ellas, Ustedes ríen

Todos ríen cuando él habla.
Everyone laughs when he talks.

---

el relámpago   re-LAM-pa-go   noun, masc.   lightning

A veces hay muchos relámpagos cuando llueve.
Sometimes there is a lot of lightning when it rains.

---

el reloj re-LO noun, masc.   clock, watch
  El reloj está en la pared de la cocina.
  The clock is on the kitchen wall.

---

responder res-pon-DER verb   to answer, respond
  Yo respondo   Nosotros respondemos
  Tú respondes   (Vosotros respondéis)
  Él, Ella, Usted Ellos, Ellas, Ustedes
   responde   responden
  Ellos responden cuando la profesora hace
   una pregunta.
  They answer when the teacher asks a question.

---

la respuesta res-PUES-ta noun, fem. answer,
               response
  Una pregunta necesita una respuesta.
  A question needs an answer.

---

el retrato re-TRA-to noun, masc. picture
  Es un retrato del presidente.
  It is a picture of the president.

---

rico REE-ko adjective, masc. rich
 rica (fem.)
  Mi tío tiene mucho dinero. Es rico.
  My uncle has a lot of money. He is rich.

---

la riña REE-nya noun, fem. quarrel
  No me gusta oír una riña.
  I don't like to hear a quarrel.

---

el río REE-o noun, masc. river
  Ese río es largo y ancho.
  That river is long and wide.

---

robar   ro-BAR   verb   to rob, to steal

      Yo robo   Nosotros robamos
      Tú robas.   (Vosotros robáis)
      Él, Ella, Usted   Ellos, Ellas, Ustedes
        roba   roban

      Si no tenemos dinero, no lo roban.
      If we don't have money, they don't steal it.

---

la rodilla   ro-DEE-lya, ro-DEE-ya   noun, fem.   knee

      Me duele mucho la rodilla.
      My knee hurts a lot.

---

rojo   RO-jo   adjective, masc.   red
   roja   (fem.)

      Yo quiero un coche rojo.
      I want a red car.

---

el rollo   RO-lyo, RO-yo   noun, masc.   roll

      El señor trae un rollo de billetes.
      The man has a roll of bills.

---

romper   rom-PER   verb   to tear, break

      Yo rompo   Nosotros rompemos
      Tú rompes   (Vosotros rompéis)
      Él, Ella, Usted   Ellos, Ellas, Ustedes
        rompe   rompen

      ¿Por qué rompen los platos?
      Why are they breaking the plates?

---

la ropa   RO-pa   noun, fem.   clothes

      La ropa está limpia.
      The clothes are clean.

---

el ropero   ro-PE-ro   noun, masc.   (clothes) closet

      El abrigo está en el ropero.
      The coat is in the closet.

---

rubio   RU-beeo   adjective, masc.   blond
   rubia   (fem.)

         Mi amigo tiene el pelo rubio.
         My friend has blond hair.

---

la rueda   RUE-da   noun, fem.   wheel

         El coche pierde una rueda.
         The car is losing a wheel.

---

ruido   RUEE-do   noun, masc.   noise

         Todos hacen mucho ruido en el juego.
         Everyone makes a lot of noise at the game.

S

---

sábado   SA-ba-do   noun, masc.   Saturday

         El sábado vamos al cine.
         We're going to the movies Saturday.

---

saber   sa-BER   verb   to know, to know how to

         Yo sé   Nosotros sabemos
         Tú sabes   (Vosotros sabéis)
         Él, Ella, Usted   Ellos, Ellas, Ustedes
           sabe   saben

         Yo sé nadar.
         I know how to swim.

---

sabio   SA-beeo   adjective, masc.   wise
   sabia   (fem.)

         Mi abuelo es muy sabio.
         My grandfather is very wise.

---

el saco   SA-ko   noun, masc.   jacket

         Él lleva saco y corbata.
         He is wearing a jacket and tie.

---

sacudir sa-ku-DEER   verb   to dust, shake
      Yo sacudo   Nosotros sacudimos
      Tú sacudes   (Vosotros sacudís)
      Él, Ella, Usted   Ellos, Ellas, Ustedes
        sacude   sacuden
      La niña sacude los muebles.
      The girl dusts the furniture.

---

la sal SAL   noun, fem.   salt
      Yo uso sal y pimienta
      I use salt and pepper.

---

la sala SA-la   noun, fem.   living room
      Las visitas se sientan en la sala.
      The visitors sit in the living room.

---

salir sa-LEER   verb   to go out
      Yo salgo   Nosotros salimos
      Tú sales   (Vosotros salís)
      Él, Ella, Usted   Ellos, Ellas, Ustedes
        sale   salen
      Yo salgo a recoger el periódico.
      I go out to pick up the newspaper.

salir de compras   verb   to go shopping
      Las señoras salen de compras.
      The ladies are going shopping.

---

saltar   sal-TAR   verb   to jump
          Yo salto   Nosotros saltamos
          Tú saltas   (Vosotros saltáis)
          Él, Ella, Usted   Ellos, Ellas, Ustedes
            salta   saltan

          Los niños saltan de gusto.
          The children jump for joy.

la salud   sa-LUD   noun, fem.   health
          Los huevos y la leche son buenos para la salud.
          Eggs and milk are good for your health.

salvaje   sal-BA-je   adjective   savage
          En la selva hay animales salvajes.
          There are savage animals in the jungle.

la sandía   san-DEE-a   noun, fem.   watermelon
          Me gusta la sandía bien fría en el verano.
          I like very cold watermelon in summer.

el sandwich   san-UEECH   noun, masc.   sandwich
          Yo quiero un sandwich de pollo.
          I want a chicken sandwich.

la sangre   SAN-gre   noun, fem.   blood
          La sangre es roja.
          Blood is red.

el sastre   SAS-tre   noun, masc.   tailor
         El sastre hace ropa.
         The tailor makes clothes.

seco   SE-ko   adjective, masc.   dry
   seca   (fem.)
         El río está seco.
         The river is dry.

la secretaria   se-kre-TA-reea   noun, fem.   secretary
   el secretario   (masc.)
         Elena es la secretaria del club.
         Helen is the secretary of the club.

el secreto   se-KRE-to   noun, masc.   secret
         No lo diga. Es un secreto.
         Don't tell. It is a secret.

seguir   se-GEER   verb   to follow

Yo sigo	Nosotros seguimos
Tú sigues	(Vosotros seguís)
Él, Ella, Usted	Ellos, Ellas, Ustedes
sigue	siguen

         Nosotros seguimos la ruta a Santa Fe.
         We are following the route to Santa Fe.

según   se-GUN   adverb   according
         Según el maestro, no podemos salir a las tres.
         According to the teacher, we cannot leave
           at three.

segundo   se-GUN-do   adjective, masc.   second
   segunda   (fem.)
         Es la segunda vez que va a México.
         It is the second time that he is going to Mexico.

seis   SAYS   adjective   six
         Mi hermanito tiene seis años.

My little brother is six years old.

---

el sello   SE-lyo, SE-yo   noun, masc.   stamp, seal
        La tarjeta lleva un sello.
        The card has a stamp.

---

la semana   se-MA-na   noun, fem.   week
        Cinco días a la semana vamos a la escuela.
        We go to school five days a week.

---

señalar   se-nya-LAR   verb   to point, to signal
        Yo señalo   Nosotros señalamos
        Tú señalas   (Vosotros señaláis)
        Él, Ella, Usted   Ellos, Ellas, Ustedes
          señala   señalan

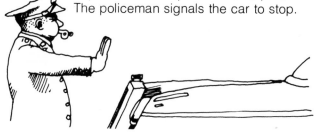

        El policía señala que el auto se pare.
        The policeman signals the car to stop.

---

el señor   se-NYOR   noun, masc.   the man
        El señor es guapo.
        The man is handsome.

---

la señora   se-NYO-ra   noun, fem.   lady
        La señora entra en la tienda.
        The lady enters the store.

---

la señorita   se-nyo-REE-ta   noun, fem.   young lady,
                                                       miss
        La señorita tiene un vestido nuevo.
        The young lady has a new dress.

---

sentado sen-TA-do   adjective, masc.   seated
  sentada (fem.)
            Toda la gente está sentada.
            Everyone is seated.

sentarse sen-TAR-se   verb   to sit down
            Yo me siento   Nosotros nos sentamos
            Tú te sientas   (Vosotros os sentáis)
            Él, Ella, Usted   Ellos, Ellas, Ustedes
              se sienta   se sientan
            Ellos se sientan en el parque.
            They are sitting in the park.

sentir sen-TEER   verb   to feel; to regret
            Yo siento   Nosotros sentimos
            Tú sientes   (Vosotros sentís)
            Él, Ella, Usted   Ellos, Ellas, Ustedes
              siente   sienten
            Ellos sienten que tú no los quieras.
            They feel you don't like them.

septiembre sep-TYEM-bre   noun, masc.   September
            Las clases comienzan en septiembre.
            Classes begin in September.

ser SER   verb   to be
            Yo soy   Nosotros somos
            Tú eres   (Vosotros sois)
            Él, Ella, Usted   Ellos, Ellas, Ustedes
              es   son
            Él es médico y ella es abogado.
            He's a doctor and she's a lawyer.

serio SE-reeo   adjective, masc.   serious
  seria (fem.)
            El policía es muy serio.
            The policeman is very serious.

---

servir   ser-BEER   verb   to serve

      Yo sirvo   Nosotros servimos

      Tú sirves   (Vosotros servís)

      Él, Ella, Usted   Ellos, Ellas, Ustedes

         sirve   sirven

      Ella sirve chocolate y galletitas.

      She serves chocolate and cookies.

---

sesenta   se-SEN-ta   adjective   sixty

      Hay sesenta libros en la sala.

      There are sixty books in the living room.

---

setenta   se-TEN-ta   adjective   seventy

      Mi abuelo tiene setenta años.

      My grandfather is seventy years old.

---

sí   SEE   adverb   yes

      Sí, me voy.

      Yes, I'm going.

---

si   SEE   conjunction   if

      Si tú vas, yo voy.

      If you go, I go.

---

siempre   SYEM-pre   adverb   always

      Siempre nos gusta jugar al béisbol.

      We always like to play baseball.

---

siete   SYE-te   adjective   seven

      Sabes el cuento de "Blancanieves y los

         siete enanos?"

      Do you know the story of "Snow White and the

      Seven Dwarfs?"

---

silbar   seel-BAR   verb   to whistle

      Yo silbo   Nosotros silbamos

      Tú silbas   (Vosotros silbáis)

Él, Ella, Usted	Ellos, Ellas, Ustedes
silba	silban

Los muchachos silban en el campo de recreo.
The boys whistle on the playground.

---

silencioso see-len-SEEO-so   adjective, masc.   silent
silenciosa (fem.)

Vamos a jugar un juego silencioso.
Let's play a silent game.

---

sin SEEN   preposition   without

Quiero un sandwich sin cebolla.
I want a sandwich without onions.

---

el sobre SO-bre   noun, masc.   envelope

La carta está en el sobre.
The letter is in the envelope.

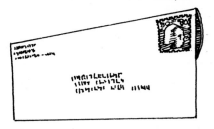

---

la sobrina so-BREE-na   noun, fem.   niece

Mis padres tienen ocho sobrinas.
My parents have eight nieces.

---

el sobrino so-BREE-no   noun, masc.   nephew

Mi primo es el sobrino de mi papá.
My cousin is my father's nephew.

---

el sóccer SO-ker   noun, masc.   soccer

En el sóccer se usan la cabeza y los pies.
In soccer you use your head and your feet.

¡Socorro! so-KO-rro   Interjection   Help!
¡Socorro! ¡El coche se quema!
Help! The car is burning!

---

el sofá so-FA   noun, masc.   sofa, couch
Nuestro sofá está en la sala.
Our sofa is in the living room.

---

el soldado sol-DA-do   noun, masc.   soldier
El soldado marcha todos los días.
The soldier marches everyday.

---

solo SO-lo   adjective, masc.   alone
  sola (fem.)
La niña camina sola a la escuela.
The girl walks to school alone.

---

el sombrero som-BRE-ro   noun, masc.   hat
Yo tengo un sombrero de vaquero.
I have a cowboy hat.

---

sonar so-NAR   verb   to ring
Yo sueno   Nosotros sonamos
Tú suenas   (Vosotros sonáis)
Él, Ella, Usted   Ellos, Ellas, Ustedes
  suena   suenan
El teléfono suena.
The telephone is ringing.

---

sonreír son-re-EER   verb   to smile
Yo sonrío   Nosotros sonreímos
Tú sonríes   (Vosotros sonreís)
Él, Ella, Usted   Ellos, Ellas, Ustedes
  sonríe   sonríen
Cuando estamos contentos, sonreímos.
We smile when we're happy.

---

soñar   so-NYAR   verb   to dream

Yo sueño	Nosotros soñamos
Tú sueñas	(Vosotros soñáis)
Él, Ella, Usted	Ellos, Ellas, Ustedes
sueña	sueñan

Cuando dormimos, casi todos soñamos.
When we sleep, nearly all of us dream.

---

la sopa   SO-pa   noun, fem.   soup

¿Te gusta la sopa de pollo?
Do you like chicken soup?

---

la sopera   so-PE-ra   noun, fem.   bowl
el sopero   (masc.)

La ensalada está en la sopera.
The salad is in the bowl.

---

sordo   SOR-do   adjective, masc.   deaf
sorda   (fem.)

El señor no oye. Es sordo.
The man doesn't hear. He's deaf.

---

sorprendente   sor-pren-DEN-te   adjective   surprising

Es sorprendente recibir algo de ella.
It is surprising to receive something from her.

---

la sorpresa   sor-PRE-sa   noun, fem.   surprise

¿Cuál es la sorpresa?
What is the surprise?

---

el sótano   SO-ta-no   noun, masc.   basement

Guardamos algunos muebles en el sótano.
We keep some furniture in the basement.

---

su   SU   adjective   his, her, its
  sus   (plural)   their

Son sus libros.

They're his books.

---

suave   SUA-be   adjective   soft, gentle
Este jabón es suave.
This soap is gentle.

---

el sube y baja   Su-bay-BA-ja   noun, masc.   see-saw
¡Vamos a pasear (montar) en el sube y baja!
Let's ride on the see-saw!

---

subir   su-BEER   verb   to climb, to go up
Yo subo   Nosotros subimos
Tú subes   (Vosotros subís)
Él, Ella, Usted   Ellos, Ellas, Ustedes
  sube   suben
El avión sube.
The plane is going up.

---

sucio   SU-seeo   adjective, masc.   dirty
sucia   (fem.)
Lávate las manos. Están sucias.
Wash your hands. They're dirty.

---

el suelo   SUE-lo   noun, masc.   floor
El perro se acuesta en el suelo.
The dog lies down on the floor.

---

la suerte   SUER-te   noun, fem.   luck
Buena suerte en el viaje.
Good luck on the trip.

---

el suéter SUE-ter   noun, masc.   sweater
Tengo un suéter de lana.
I have a wool sweater.

---

el sur SUR   adverb; adjective; noun, masc.   south
México está al sur de los Estados Unidos.
Mexico is south of the United States.

T

---

el tamaño ta-MA-nyo   noun, masc.   size
¿De qué tamaño es el saco?
What size is the coat?

---

el tambor tam-BOR   noun, masc.   drum
Mi hermano sabe tocar el tambor.
My brother knows how to play the drums.

---

tanto TAN-to   adjective, masc.   as much, so much
  tanta (fem.)
¡Yo tengo tanto tiempo como tú!
I have as much time as you do!

---

tantos TAN-tos   adjective, masc.   as many, so many
  tantas (fem.)
Yo no tengo tantos juguetes como tú.
I don't have as many toys as you do.

---

la tarde TAR-de   noun, fem.   afternoon, early
                                                         evening, p.m.
El programa en la televisión es a las seis
  de la tarde.
The program is at six o'clock in the evening.

---

la tarjeta tar-JE-ta   noun, fem.   card
Hay que escribir el nombre y la dirección
  en la tarjeta.

You have to write the name and address
on the card.

la tarjeta postal   noun, fem.   postcard
Esta tarjeta postal viene de la Florida.
This postcard is from Florida.

---

la taza TA-sa   noun, fem.   cup
Mucha gente toma una taza de café por la tarde.
Many people have a cup of coffee in the afternoon.

---

el teatro te-A-tro   noun, masc.   theater
Vamos al teatro con Jorge.
We're going to the theater with George.

---

el techo TE-cho   noun, masc.   roof, ceiling
Hay que pintar el techo.
You have to paint the ceiling.

---

el tejado te-JA-do   noun, masc.   roof
El tejado de esa casa española es rojo.
The roof of that Spanish house is red.

---

tejer te-JER   verb   to knit
Yo tejo   Nosotros tejemos
Tú tejes   (Vosotros tejéis)
Él, Ella, Usted   Ellos, Ellas, Ustedes
  teje   tejen
Mi abuela teje un suéter para mí.
My grandmother is knitting a sweater for me.

---

el teléfono te-LE-fo-no   noun, masc.   telephone
Use usted el teléfono para llamar a Enrique.
Use the telephone to call Henry.

---

la televisión te-le-bi-SEEON   noun, fem.   television, TV
¿Qué hay bueno en la televisión esta noche?
What's good on TV tonight?

---

temprano   tem-PRA-no   adverb   early
El avión llega temprano.
The plane arrives early.

---

el tenedor   te-ne-DOR   noun, masc.   fork
Necesitamos un tenedor para la ensalada.
We need a fork for the salad.

---

tener   te-NER   verb   to have

Yo tengo	Nosotros tenemos
Tú tienes	(Vosotros tenéis)
Él, Ella, Usted	Ellos, Ellas, Ustedes
tiene	tienen

Juan tiene una bicicleta nueva.
Juan has a new bicycle.

tener dolor   idiomatic   to have a headache
de cabeza   expression
La señora dice que tiene dolor de cabeza.
The lady says she has a headache.

tener éxito   idiomatic   to be successful
expression
Este equipo de béisbol siempre tiene éxito.
Gana todos los juegos.
This baseball team always is successful.
It wins every game.

tener el pie   idiomatic   to have a sore foot
adolorido   expression
Jaime tiene el pie adolorido.
Jim has a sore foot.

tener que   te-NER-KE   idiomatic   to have to
                                    expression
Tengo que bañarme todos los días.
I have to bathe every day.

tener razón   idiomatic   to be right
                                    expression
¡Los padres siempre tienen razón!
Parents are always right!

tener sed   idiomatic   to be thirsty
                                    expression
Yo tengo mucha sed. Dame un vaso de agua.
I am very thirsty. Give me a glass of water.

tener sueño   idiomatic   to be sleepy
                                    expression
Vamos a acostarnos. Tengo mucho sueño.
Let's go to bed. I am very sleepy.

tener suerte   idiomatic   to be lucky
                                    expression
Ella tiene mucha suerte. Siempre gana premios.
She's very lucky. She always wins prizes.

---

terminar   ter-mee-NAR   verb   to end, finish

Yo termino	Nosotros terminamos
Tú terminas	(Vosotros termináis)
Él, Ella, Usted termina	Ellos, Ellas, Ustedes terminan

Si terminas pronto, salimos a jugar.
If you finish quickly, we will go out to play.

---

terrible   te-RREE-ble   adjective   terrible
Pasamos un susto terrible.
We had a terrible scare.

---

la tía   TEE-a   noun, fem.   aunt
La tía Juanita es muy bonita.
Aunt Jane is very pretty.

---

el tiempo   TYEM-po   noun, masc.   time, weather
¿Qué tiempo hace hoy?
What kind of weather is it today?

---

la tienda   TYEN-da   noun, fem.   store, shop
En esa tienda no se venden flores.
That store doesn't sell flowers.

---

la tierra   TYE-rra   noun, fem.   earth, dirt
La planta necesita más tierra.
The plant needs more dirt.

---

el tigre   TEE-gre   noun, masc.   tiger
El tigre tiene la piel muy bonita.
The tiger has beautiful fur.

---

las tijeras   tee-JE-ras   noun, fem.   scissors
Dame las tijeras para cortar la cinta.
Give me the scissors to cut the ribbon.

---

el timbre   TEEM-bre   noun, masc.   bell
El timbre suena. Ya no hay tiempo.
The bell is ringing. There's no more time.

---

el tío   TEE-o   noun, masc.   uncle
El tío saúl es muy alto.
Uncle Saul is very tall.

---

el tipo   TEE-po   noun, masc.   type
No me gusta ese tipo de cuaderno.
I don't like that type of notebook.

---

la tiza   TEE-sa   noun, fem.   chalk
Usamos la tiza para escribir en la pizarra.
We use chalk to write on the board.

---

la toalla   to-A-lya, to-A-ya   noun, fem.   towel

Dame la toalla para secarme las manos.
Give me the towel so I can dry my hands.

---

el tocadiscos   noun, masc.   record player
to-ka-DEES-kos
Vamos a escuchar la música en el tocadiscos.
Let's listen to the music on the record player.

---

tocar   to-KAR   verb   to play (instrument),
to touch, to knock

Yo toco   Nosotros tocamos
Tú tocas   (Vosotros tocáis)
Él, Ella, Usted   Ellos, Ellas, Ustedes
toca   tocan
Silvia toca el piano.
Sylvia plays the piano.

---

todo   TO-do   pronoun   everything
Él quiere todo.
He wants everything.

---

todo   TO-do   adjective, masc.   all, entire
toda   (fem.)

Pepe se come toda la fruta.
Joey eats all the fruit.

---

tomar   to-MAR   verb   to take, to drink
Yo tomo   Nosotros tomamos
Tú tomas   (Vosotros tomáis)

Él, Ella, Usted	Ellos, Ellas, Ustedes
toma	toman

¿A qué hora tomas la medicina?
What time do you take the medicine?

---

el tomate   to-MA-te   noun, masc.   tomato
El tomate está maduro.
The tomato is ripe.

---

tonto   TON-to   adjective, masc.   foolish
  tonta   (fem.)

¡Es una idea tonta!
It is a foolish idea!

---

la torre   TO-rre   noun, fem.   tower, steeple
La torre de la iglesia es muy alta.
The church steeple is very high.

---

la torta   TOR-ta   noun, fem.   cake, tart
La torta de chocolate está muy rica.
The chocolate cake (tart) is very good.

---

la tortuga   tor-TU-ga   noun, fem.   turtle
La tortuga duerme en su concha.
The turtle sleeps in its shell.

---

trabajar   tra-ba-JAR   verb   to work

Yo trabajo	Nosotros trabajamos
Tú trabajas	(Vosotros trabajáis)
Él, Ella, Usted	Ellos, Ellas, Ustedes
trabaja	trabajan

Ellos trabajan en la fábrica.
They work in the factory.

---

el trabajo   tra-BA-jo   noun, masc.   work
¿Qué trabajo hace tu papá?
What work does your Dad do?

---

traer   tra-ER   verb   to bring

Yo traigo	Nosotros traemos
Tú traes	(Vosotros traéis)
Él, Ella, Usted trae	Ellos, Ellas, Ustedes traen

¿Quién va a traer los sandwiches?
Who is going to bring the sandwiches?

---

el tráfico   TRA-fee-ko   noun, masc.   traffic

A las cinco hay mucho tráfico.
At five o'clock there's a lot of traffic.

---

el traje   TRA-je   noun, masc.   suit

   el traje de baño   bathing suit

El señor lleva un traje de verano.
The man is wearing a summer suit.

---

el trasatlántico   noun, masc.   transatlantic ship
     tra-sat-LAN-tee-ko

El trasatlántico sale a las nueve de la mañana.
The transatlantic ship leaves at nine in
    the morning.

---

tratar   tra-TAR   verb   to try

Yo trato	Nosotros tratamos
Tú tratas	(Vosotros tratáis)
Él, Ella, Usted trata	Ellos, Ellas, Ustedes tratan

Voy a tratar de brincar del árbol.
I am going to try to jump from the tree.

---

treinta   TRAYN-ta   adjective   thirty

El autobús tiene treinta asientos.
The bus has thirty seats.

---

el tren   TREN   noun, masc.   train
              Mi tren eléctrico ya no anda.
              My electric train doesn't run anymore.

el trigo TREE-go   noun, masc.   wheat
              Hay un campo de trigo cerca de la casa.
              There is a field of wheat near the house.

triste   TREES-te   adjective   sad
             El perro no quiere comer. Está muy triste.
             The dog doesn't want to eat. He is very sad.

el trompo   TROM-po   noun, masc.   top
                Este trompo es mi juguete favorito.
                This top is my favorite toy.

el trueno   TRUE-no   noun, masc.   thunder
                ¿Oyes el trueno?
                Do you hear the thunder?

U

último   UL-tee-mo   adjective, masc.   last
última   (fem.)
             Ésta es la última semana de vacaciones.
             This is the last week of vacation.

el último UL-tee-mo   pronoun   the last one

> No hay muchos duraznos. El último está en
>   el refigerador.
> There aren't many peaches. The last one is in
>   the refrigerator.

---

un UN   article, masc.   a, an
una (fem.)

> Quiero una manzana.
> I want an apple.

único U-nee-ko   adjective, masc.   only
única (fem.)

> Es el único chico en la clase.
> He is the only boy in class.

---

la uña U-nya   noun, fem.   nail (finger)
la uña de los pies   toenail

> ¡Qué uñas tan largas!
> What long nails!

---

usar u-SAR   verb   to use

Yo uso	Nosotros usamos
Tú usas	(Vosotros usáis)
Él, Ella, Usted	Ellos, Ellas, Ustedes
usa	usan

> En nuestra clase de matemáticas usamos lápiz.
> We use pencils in our math class.

---

usted us-TED   pronoun   you (formal)
usted mismo pronoun   you yourself

> Usted mismo tiene que hacer el trabajo.
> You yourself have to do the work.

útil U-teel   adjective   useful

> Es útil saber dos lenguas.
> It is useful to know two languages.

---

la uva   U-ba   noun, fem.   grape
A mi hermano le gustan las uvas.
My brother likes grapes.

V

---

las vacaciones   ba-ka-SEEO-nes   noun, fem.   vacation
  las vacaciones de verano   noun, fem.   summer
vacation
Ya vienen las vacaciones de verano.
Summer vacation is nearly here.

---

vaciar   ba-SEEAR   verb   to pour out, empty

Yo vacío	Nosotros vaciamos
Tú vacías	(Vosotros vaciáis)
Él, Ella, Usted vacía	Ellos, Ellas, Ustedes vacían

Voy a vaciar esta caja.
I am going to empty this box.

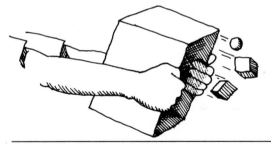

---

la vainilla   baee-NEE-lya,   noun, fem.   vanilla
baee-NEE-ya
Mamá le pone vainilla al postre.
Mother puts vanilla in the dessert.

---

valiente   ba-LYEN-te   adjective   brave, valiant
El soldado es valiente.
The soldier is brave.

---

vamos a BA-mo-sa   idiomatic   Let's
                          expression
              Vamos a nadar.
              Let's swim.

---

varios BA-reeos   adjective, masc.   several, various
varias (fem.)
              Hay varios juegos en el parque.
              There are several games at the park.

---

el vaso BA-so   noun, masc.   glass (drinking)
              ¿Quieres un vaso de jugo?
              Do you want a glass of juice?

---

el vegetal be-je-TAL   noun, masc.   vegetable
              La lechuga y las papas son vegetales.
              Lettuce and potatoes are vegetables.

---

el vehículo be-EE-ku-lo   noun, masc.   vehicle
              El coche es un vehículo.
              The car is a vehicle.

---

veinte BAYN-te   adjective   twenty
              Mi hermano mayor tiene veinte años.
              My oldest brother is twenty years old.

---

vender ben-DER   verb   to sell
              Yo vendo   Nosotros vendemos
              Tú vendes   (Vosotros vendéis)
              Él, Ella, Usted   Ellos, Ellas, Ustedes
                vende   venden
              Aquí no venden dulces.
              They don't sell candy here.

---

venir be-NEER   verb   to come
              Yo vengo   Nosotros venimos
              Tú vienes   (Vosotros venís)

Él, Ella, Usted   Ellos, Ellas, Ustedes
         viene   vienen
¿Cuándo vienen ustedes a visitarnos?
When are you coming to visit us?

---

la ventana ben-TA-na   noun, fem.   window
El sol entra por la ventana.
The sun is coming in through the window.

---

ver BER   verb   to see
         Yo veo   Nosotros vemos
         Tú ves   (Vosotros veis)
         Él, Ella, Usted   Ellos, Ellas, Ustedes
            ve   ven
         Yo no veo a nadie.
         I don't see anyone.

ver otra vez   verb   to see again
¿Quiere usted ver los retratos otra vez?
Do you want to see the pictures again?

---

el verano be-RA-no   noun, masc.   summer
Nosotros nadamos mucho en el verano.
We swim a lot in summer.

---

verde BER-de.   adjective   green
La hierba es verde.
Grass is green.

---

verídico   be-REE-dee-ko   adjective, masc.   true
  verídica   (fem.)
> No es un cuento. Es una historia verídica (verdadera).
> It is not a tale. It is a true story.

---

el vestido   bes-TEE-do   noun, masc.   dress, suit
> ¡Qué bonito vestido!
> What a pretty dress!

---

vestirse   bes-TEER-se   verb   to dress oneself

Yo me visto	Nosotros nos vestimos
Tú te vistes	(Vosotros os vestís)
Él, Ella, Usted	Ellos, Ellas, Ustedes
se viste	se visten

> Ellos se visten para la fiesta.
> They are dressing for the party.

---

viajar   beea-JAR   verb   to travel

Yo viajo	Nosotros viajamos
Tú viajas	(Vosotros viajáis)
Él, Ella, Usted	Ellos, Ellas, Ustedes
viaja	viajan

> Vamos a viajar en coche a California.
> We are going to travel by car to California.

---

el viajero   beea-JE-ro   noun, masc.   traveler
> El viajero va de pueblo en pueblo.
> The traveler is going from town to town.

la víbora   BEE-bo-ra   noun, fem.   snake
Hay un museo de víboras en el zoológico.
There is a snake museum at the zoo.

viernes   BYER-nes   noun, masc.   Friday
Los viernes vamos al juego de fútbol.
We go to the football game on Fridays.

la violeta   beeo-LE-ta   noun, fem.   violet
La violeta es una flor morada.
The violet is a purple flower.

el violín   beeo-LEEN   noun, masc.   violin
Yo sé tocar el violín.
I know how to play the violin.

el vino   BEE-no   noun, masc.   wine
El vino viene de la uva.
Wine comes from grapes.

visitar   bee-see-TAR   verb   to visit

Yo visito	Nosotros visitamos
Tú visitas	(Vosotros visitáis)
Él, Ella, Usted visita	Ellos, Ellas, Ustedes visitan

Yo quiero visitar a mis amigos en la Argentina.
I want to visit my friends in Argentina.

la vista   BEES-ta   noun, fem.   view
Es una vista hermosa.
It is a beautiful view.

vivir   bee-BEER   verb   to live

Yo vivo	Nosotros vivimos
Tú vives	(Vosotros vivís)
Él, Ella, Usted vive	Ellos, Ellas, Ustedes viven

Yo vivo en San Antonio, Texas
¿Dónde vive usted?
I live in San Antonio, Texas. Where do you live?

---

volcar   bol-KAR   verb   to turn over
     Yo vuelco   Nosotros volcamos
     Tú vuelcas   (Vosotros volcáis)
     Él, Ella, Usted   Ellos, Ellas, Ustedes
       vuelca   vuelcan
     Una vez nos volcamos en un accidente de coche.
     Once we turned over in a car accident.

---

volver   bol-BER   verb   to return, go back
     Yo vuelvo   Nosotros volvemos
     Tú vuelves   (Vosotros volvéis)
     Él, Ella, Usted   Ellos, Ellas, Ustedes
       vuelve   vuelven
     Nosotros volvemos a casa a las tres y media.
     We return home at three thirty.

volver al revés   verb   to turn upside-down,
                                    to turn inside-out
     No vuelvan el cuarto al revés.
     Don't turn the room upside-down.

---

la voz   BOS   noun, fem.   voice
     El maestro tiene una voz fuerte.
     The teacher has a strong voice.

---

la vuelta   BUEL-ta   noun, fem.   turn
     El chófer da una vuelta a la derecha.
     The chauffeur makes a right turn.

Y

---

y   EE   conjunction   and
     Raúl y Roberto se divierten juntos.
     Raul and Robert have fun together.

---

ya YA adverb   already
     Ya tengo el dinero para el boleto.
     I already have the money for the ticket.

yo YO pronoun   I
     Yo voy contigo.
     I'll go with you.

Z

la zanahoria sa-na-O-reea noun, fem. carrot
     ¿Te gustan las zanahorias?
     Do you like carrots?

el zapato sa-PA-to noun, masc. shoe
     Voy a comprar zapatos blancos.
     I'm going to buy white shoes.

el zoológico so-o-LO-jee-ko noun, masc. zoo
     Vamos a pasar todo el día en el parque zoológico.
     We're going to spend all day at the zoo.

el zorro SO-rro noun, masc. fox
  la zorra (fem.)
     El zorro es un animal astuto.
     The fox is a cunning animal.

CLAVE DE PRONUNCIACIÓN INGLÉS

**English pronunciation key
(para los de habla española)**

NOTAS

1. Hay algunos sonidos en inglés que no existen en español.
2. En general, las vocales en inglés son muy cortos.
3. Cuando se indica que un sonido inglés suena algo como un sonido español, es una aproximación . . . no es exacto.

CONSONANTES

La ortografía inglesa	Símbolo fonémico	Suena algo como la palabra española
b	b	burro
c	k	casa
	s	cena
ch, tch	ch	charla
d	d	diente
f	f	frío
g	g	gana
	zh	—
h, wh	h	dirigir
j, dge	dj	—
k	k	casa
l	l	leche
m	m	madre
n	n	niño
ng	ng	—
p	p	padre
qu	kw	—
r	r	cantar
s	s	ciudad
sh, tion	sh	—
t	t	tía
v	v	vaya
w	w	—
wh	wh, h	—
x	ks, gs	—
y	y	desayuno
z, s	z	zoológico
th	th	— (como cero en castellano)
th (voiced)	th	—

VOCALES

La ortografía inglesa	Ejemplo en inglés	Símbolo fonémico	Suena algo como la palabra española
a e u	but	ø̷	— (sonido muy corto)
a	cat	a	— (sonido muy corto)
a o	cot	a a	la
a ay	play	ei	seis (muy corto)
a ah	father	ah	—
ai	air	ehr	—
e	get	e	español
ee ea	feet	i	si
i	hit	i	— (sonido muy corto)
i uy	buy	ai	aire
o oa ow	boat	oh	boca
oo u ou	boot	u	lunes
oy	boy	oi	voy
au, ough, o, augh	order	aw	cortar
ur	curtain	ur	—
ow, ou, ough	how	ow	auto (muy corto)
u, oo	book	auh	—

ENGLISH-SPANISH
INGLÉS-ESPAÑOL

Pear   Pera

A

a *a̸* artículo   un (masc.), una (fem.)
There is a nest in the tree.
Hay un nido en el árbol.

---

able to,
can KAN verbo   poder
I can carry this trunk.
Yo puedo cargar (llevar) este baúl.

---

above all *a̸-be̸v* AWL expresión   sobretodo
idiomática
I like fruit — above all — peaches.
Me gusta la fruta, sobretodo los duraznos.

---

absent AB-se̸nt adjetivo   ausente
Margaret is absent today.
Margarita está ausente hoy.

---

according to *a̸*-K<u>AW</u>R-ding-t*a̸* expresión   según
idiomática
According to my cousin, it is going to snow
next week.
Según mi prima, va a nevar la semana próxima.

---

to be acquainted with *a̸*-KWEIN-t*a̸*d verbo   conocer
Are you acquainted with my friend?
¿Conoces a mi amiga?

---

to do addition, ∅-DI-sh∅n   verbo   sumar
  to add
          We learn to do addition in school.
          Aprendemos a sumar en la escuela.

---

address ∅-DRES   nombre   la dirección
          What is his address?
          ¿Cuál es su dirección?

(no) admittance   expresión   prohibido entrar, no
   n<u>oh</u> ad-M<u>I</u>T-ns   idiomática   hay entrada
          The little girl stops when she sees the words:
            "No admittance."
          La niña se detiene cuando ve las palabras:
            "Prohibido entrar."

---

adventure ad-VEN-ch∅r   nombre   la aventura
          I like to read the adventures of Cinderella.
          Me gusta leer las aventuras de la Cenicienta.

---

afraid, ∅-FREID   expresión   tener miedo
   to be afraid   idiomática
          Are you afraid of the lion?
          ¿Le tienes miedo al león?

---

after AF-t∅r   preposición   después
          October is the month after September.
          Octubre es el mes después de septiembre.

---

afternoon   af-t*e*r-NUN   nombre   la tarde
It is 5:00 o'clock in the afternoon.
Son las cinco de la tarde.

---

again   *e*-GEN   adverbio   otra vez
Sing the song again.
Cante la canción otra vez.

  once again   w*e*ns *e*-GEN   expresión   una vez más
                     idiomática
Wash the spoon once again.
Lava la cuchara una vez más.

---

against   *e*-GENST   preposición   contra
He is putting the map against the wall.
Pone el mapa contra la pared.

---

age   EIDJ   nombre   la edad
He's big for his age.
Es grande para su edad.
What's your age? (How old are you?)
  I'm seventeen.
¿Cuántos años tiene usted?
  Tengo diecisiete años.

(don't you agree?)   expresión   ¿No?
  dohnt yu *e*-GRI   idiomática
My aunt is beautiful, don't you agree?
Mi tía es bella ¿no?

  agreed (all right, O.K.)   interjección   de acuerdo
Shall we leave? Agreed!
¿Nos vamos? ¡De acuerdo!

---

to aid   EID   verbo   ayudar
Charles helps his cousin carry the clothes.
Carlos ayuda a su prima a llevar la ropa.

---

airplane   EHR-PLEIN   nombre   el avión
           Two airplanes are flying over the city.
           Dos aviones vuelan sobre la ciudad.

   by airmail   expresión   por avión
                    idiomática

   by airplane   adverbio   en avión
              I take a trip by airplane.
              Yo hago un viaje en avión.

   jet airplane   nombre   el avión (de propulsión)
                            a chorro
              The jet airplane flies from Lima to New York.
              El avión (de propulsión) a chorro vuela de Lima
                 a Nueva York.

   airplane pilot   nombre   el piloto de avión
              The airplane pilot flies the airplane.
              El piloto (del avión) conduce el avión.

  (airline) stewardess   nombre   la aeromoza, la camarera
                                 de bordo
              My neighbor is a stewardess (airline).
              Mi vecina es aeromoza.

---

airport   EHR-p<u>a</u>wrt   nombre   el aeropuerto
           My uncle works at the airport.
           Mi tío trabaja en el aeropuerto.

---

alarm clock   ∅-LAHRM KL<u>A</u>K   nombre   el despertador

The alarm clock rings at 7:00 o'clock.
El despertador suena a las siete.

---

alike ∅-L<u>AI</u>K   adjetivo   igual, parecido (masc.),
                                          parecida (fem.)
The parakeets are alike.
Los pericos son iguales.

---

aloud ∅-L<u>OW</u>D   adverbio   en voz alta
I am reading the story aloud.
Leo el cuento en voz alta.

---

all <u>AWL</u>   adjetivo   todo (masc.), toda (fem.)
I put all the vegetables in the refrigerator.
Pongo todas las legumbres en la refrigeradora.

all over   adverbio   por donde quiera,
                                       por todas partes
I look all over for my top.
Busco mi trompo por todas partes.

all right   interjección   bien
Are you coming with me? All right! I'll go with you.
¿Vienes conmigo? Bien. Voy contigo.

---

almost <u>aw</u>l-M<u>OH</u>ST   adverbio   casi
It is almost ten o'clock.
Casi son las diez.

---

alone ∅-L<u>OH</u>N   adjetivo   solo (masc.), sola (fem.)
I am alone in the kitchen.
Estoy sola en la cocina.

---

alphabet AL-fa-bet   nombre   el alfabeto
Do you know the letters of the alphabet?
¿Sabes las letras del alfabeto?

---

already <u>aw</u>l-RE-di   adverbio   ya
Is it already dinner time?

¿Ya es la hora de la comida?

---

also AWL-s<u>oh</u>   adverbio   también
       I also have a plant!
       ¡Yo también tengo una planta!

---

always <u>AW</u>L-weiz   adverbio   siempre
          The leaves always change color in autumn.
          Las hojas siempre cambian de color en el otoño.

---

ambulance AM-byu-lans   nombre   la ambulancia
             The ambulance is at the hospital.
             La ambulancia está en el hospital.

American ə-MER-<u>i</u>-kən   adjetivo   americano (masc.),
                                                    americana (fem.)
            It is an American camera.
            Es una cámara americana.

---

amusing ə-MYUZ-<u>i</u>ng   adjetivo   divertido (masc.),
                                                   divertida (fem.)

          The bear is amusing.
          El oso es divertido.

---

an AN   artículo   un (masc.), una (fem.)
       I am wearing an apron.
       Llevo un delantal.

---

and AND   conjunción   y
          Marian and her cousin play together.
          Mariana y su prima juegan juntas.

angry ANG-gri   adjetivo   enojado (masc.),
                                           enojada (fem.)
          Mother is angry because I make a lot of noise.
          Mamá está enojada porque hago mucho ruido.

animal AN-i-məl   nombre   el animal
          The elephant is a large animal.
          El elefante es un animal grande.

anniversary an-i-VUR-sər-i   nombre   el aniversario
          Today is my parents' anniversary.
          Hoy es el aniversario de mis padres.

annoyed ə-NOID   adjetivo   molesto (masc.),
                                          molesta (fem.)
          Dad is annoyed because I play with the cat.
          Papa está molesto porque juego con el gato.

another ə-NETH-ər   adjetivo   otro (masc.), otra (fem.)
          Here is another piece of bread.
          Aquí hay otro pedazo de pan.

answer AN-sər   nombre   la respuesta
          I write the correct answer on the blackboard.
          Escribo la respuesta correcta en la pizarra.

to answer, to reply   verbo   responder
          The little girl answers the question.
          La niña responde a la pregunta.

ant ANT   nombre   la hormiga
          There are so many ants!
          ¡Hay tantas hormigas!

(television) antenna   nombre   la antena de televisión
  TEL-ø-vi̲-zhøn an-TE-na
> Where is the television antenna?
> ¿Dónde está la antena de televisión?

---

any   EN-i   adjetivo   cualquier (masc.),
                                               cualquiera (fem.)
> Any day you want to come is all right with me.
> Cualquier día que quieras venir está bien
> conmigo.

---

apartment   ø-PART-mønt   nombre   el apartamento,
                                               el departamento
> My apartment is on the ground floor.
> Mi apartamento está en la planta baja.

---

appearance   ø-PIR-øns   nombre   la apariencia,
                                               la presentación
> The cow does not have a ferocious appearance.
> La vaca no tiene una apariencia feroz.

---

appetite   AP-ø-TAI̲T   nombre   el apetito
> He eats with a hearty appetite.
> Come con mucho apetito.

---

apple   AP-øl   nombre   la manzana
> Do you eat an apple every day?
> ¿Te comes una manzana todos los días?

---

apricot   A-pri̲-ka̲t   nombre   el chabacano,
                                               el albaricoque

Is the apricot ripe?

¿Está maduro el chabacano?

April   El-prél   nombre   el abril
There are thirty days in April.
Hay treinta días en abril.

---

apron   El-prén   nombre   el delantal
Mom wears an apron when she prepares dinner.
Mamá lleva delantal cuando prepara la comida.

---

aquarium   é-KWEHR-i-ém   nombre   el acuario
There is a turtle in the aquarium.
Hay una tortuga en el acuario.

How are you?   expresión   ¿Cómo está usted?
   how AHR yu   idiomática   ¿Cómo estás tú?

   aren't you?   expresión   ¿No?
                            idiomática
You are leaving tomorrow, aren't you?
Se va usted mañana ¿no?

---

arm   AHRM   nombre   el brazo
The baby raises his arm.
El niño levanta el brazo.

---

armchair   AHRM-chehr   nombre   el sillón
The armchair is comfortable.
El sillón es cómodo.

---

army   AHR-mi   nombre   el ejército
Soldiers in the army carry guns.
Los soldados en el ejército llevan armas de fuego.

---

around   é-ROWND   adverbio   alrededor
Can you take a trip around the world in
     eighty days?

¿Puedes hacer un viaje alrededor del mundo en ochenta días?

---

to arrange ǿ-REINDJ   verbo   arreglar
The woman is arranging the flowers.
La mujer arregla las flores.

---

to arrest ǿ-REST   verbo   arrestar
Help! Arrest the thief!
¡Socorro! ¡Arresten a ese ladrón!

---

to arrive ǿ-R<u>AI</u>V   verbo   llegar
The fireman arrives at 2 o'clock.
El bombero llega a las dos.

---

artist AHR-<u>t</u>ist   nombre   el artista
Do you know an artist?
¿Conoces a un artista?

---

as AZ   preposición   como
As it is his birthday, he is wearing new clothes.
Como es su compleaños, lleva ropa nueva.
He's going to the party as Cantinflas.
Va a la fiesta como Cantinflas.

---

to be ashamed   expresión   tener vergüenza,
                     idiomática   avergonzarse
She is ashamed because she is crying.
Se avergüenza porque está llorando.

---

to ask ASK   verbo   preguntar; pedir
The boy asks: "What is today's date?"
                                es la fecha de hoy?"
The boy asks for money.
El chico pide dinero.

---

astronaut AS-trǿ-n<u>aw</u>t   nombre   el astronauta
The astronaut is courageous.

El astronauta es valiente.

at AT   preposición   en
            He is at home.
            Él está en casa.

---

to attend (to go) ø-TEND   verbo   asistir
            He attends a baseball game.
            Él asiste a un juego de béisbol.

Pay attention!   expresión   Ponga atención, Pon
    PEI ø-TEN-shøn   idiomática   atención (see poner)
            This is a difficult lesson. Pay attention!
            Es una lección difícil. ¡Ponga atención!

August AW-gøst   nombre   el agosto
            My birthday is August 13.
            Mi cumpleaños es el trece de agosto.

---

aunt ANT   nombre   la tía
            My aunt is a doctor.
            Mi tía es doctora.

---

auto, car AW-toh   nombre   el auto, el coche
            My neighbor drives a car.
            Mi vecino conduce un auto.

---

autumn AW-tøm   nombre   el otoño
            September is a month of autumn.
            Septiembre es un mes de otoño.

---

avenue   AV-∉-nyu   nombre   la avenida
I like to take a walk on the avenue.
Me gusta dar un paseo en la avenida.

right away   r<u>ai</u>t ∉-WEI   expresión   en seguida
idiomática
I am going to take a bath right away.
Voy a bañarme en seguida.

B

baby   BEI-bi   nombre   el bebé
The baby doesn't want to eat.
El bebé no quiere comer.

  baby carriage   nombre   el coche (del bebé)
The baby is not in the baby carriage.
El bebé no está en el coche.

back   BAK   nombre   la espalda
He is hitting me on the back!
¡Me está golpeando en la espalda!

  to give back   verbo   devolver
I give the drum back to my friend.
Le devuelvo el tambor a mi amigo.

bad   BAD   adjetivo   malo (masc.)
mala (fem.)
The child is bad.
El niño es malo.
The weather is bad.
El tiempo está malo.

  Too bad!   expresión   ¡Qué lástima!
idiomática
Too bad! I am sick.
¡Qué lástima! Estoy enfermo.

---

bag BAG   nombre   la bolsa
Here is a bag of oranges.
Aquí hay una bolsa de naranjas.

---

baggage BAG-idj   nombre   el equipaje
Where is the baggage?
¿Dónde está el equipaje?

---

baker BEI-kér   nombre   el panadero
The baker sells bread.
El panadero vende pan.

---

bakery BEI-ké-ri   nombre   la panadería
The baker is in the bakery.
El panadero está en la panadería.

---

ball BAWL   nombre   la pelota
The ball is black and white.
La pelota es negra y blanca.

  (to play) ball   expresón   jugar a la pelota
                             idiomática

---

balloon bé-LUN   nombre   el globo
The balloon is light.
El globo es ligero.

---

banana bé-NAN-é   nombre   el plátano, la banana
The monkey is eating a banana.
El mono está comiendo un plátano.

---

bank   nombre   el banco
Where is the bank located?
¿Dónde se encuentra el banco?

baseball   BEIS-bawl   nombre   el béisbol
Let's play baseball.
Vamos a jugar al béisbol.

basement   BEIS-ment   nombre   el sótano
The basement is below the living room.
El sótano está debajo de la sala.

basket   BAS-kit   nombre   la cesta
                                          el cesto
There are many papers in the basket.
Hay muchos papeles en la cesta.

basketball   BAS-kit-bawl   nombre   el básquetbol
Do you know how to play basketball?
¿Sabes jugar al básquetbol?

bath   nombre   el baño
I take my bath at nine o'clock in the evening.
Yo tomo mi baño a las nueve de la noche.

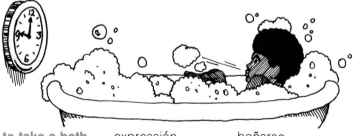

to take a bath   expressión   bañarse
                      idiomática

bathroom   nombre   el cuarto de baño
There is a shower in the bathroom.
Hay una ducha en el cuarto de baño.

sunbath   nombre   el baño de sol
She takes a sunbath on the roof of the house.
Ella toma un baño de sol en el techo de la casa.

bathing suit   nombre   el traje de baño
I wear a bathing suit at the beach.
Yo llevo traje de baño en la playa.

---

to be BI   verbo   estar, tener, ser
I am   we are
he, she, it is   you, they are

I am seated.
Yo estoy sentado. (estar)
I am right.
Yo tengo razón. (tener)

Soy niña (ser)

---

beach BICH   nombre   la playa
Can you go to the beach?
¿Puedes ir a la playa?

---

beak BIK   nombre   el pico
The parrot's beak is big.
El pico del loro es grande.

---

bear BEHR   nombre   el oso
The bear is seated in the water.
El oso está sentado en el agua.

---

beard BIRD   nombre   la barba
The president does not have a beard.
El presidente no tiene barba.

---

beast BIST   nombre   la bestia, el animal
The tiger is a wild beast.
El tigre es una bestia salvaje.

---

beautiful BYU-tə-fəl   adjetivo   bello (masc.)
                                                bella (fem.)
                                                hermoso (masc.)
                                                hermosa (fem.)

The queen is beautiful.
La reina es bella.

because bi-KAWZ   conjunción   porque

I am not going to the pool because I do not have
a bathing suit.

Yo no voy a la piscina porque no tengo traje
de baño.

  because of   expressión   a causa de
                    idiomática

I have to stay in bed because of my cold.
Tengo que quedarme en cama a causa
del resfriado.

to become bi-KEM   verbo   hacerse, volverse

He would like to become a fireman.
Le gustaría hacerse bombero.

bed BED   nombre   la cama

I am in my bed.
Estoy en mi cama.

  to go to bed   verbo   acostarse

She is tired; she is going to bed.
Ella está cansada; va a acostarse.

  bedroom   nombre   la recámara, la alcoba
                                        el dormitorio

There is a bed in the bedroom.
Hay una cama en la recámara.

bee BI   nombre   la abeja

The bee is dangerous.

La abeja es peligrosa.

beefsteak BIF-steik   nombre   el bistek
       Do you like beefsteak?
       ¿Le gusta el bistek?

   roast beef   nombre   el rósbif
       The roast beef is delicious.
       El rósbif está delicioso.

before bi-FAWR   adverbio   antes
       My brother comes home before my sister.
       Mi hermano llega a casa antes que mi hermana.

to begin bi-GIN   verbo   comenzar, empezar
       The film is beginning.
       La película comienza.

to behave bi-HEIV   verbo   portarse
       The children are not behaving well.
       Los niños no se portan bien.

behind bi-HAIND   adverbio   detrás (de)
       The cat is behind the sofa.
       El gato está detrás del sofá.

to believe bi-LIV   verbo   creer
       She believes that it is lunchtime.
       Ella cree que es la hora de almorzar.

bell BEL   nombre   la campana
          The bell is ringing.
          La campana suena.

doorbell   nombre   el timbre
          There is a doorbell near the door.
          Hay un timbre cerca de la puerta.

belt BELT   nombre   el cinturón, la faja,
          He is wearing a belt.   el cinto
          El lleva cinturón.

better BET-er   adjetivo   mejor
          The airplane is better than the train.
          El avión es mejor que el tren.

between bi-TWIN   preposición   entre
          What is the month between April and June?
          ¿Cuál es el mes entre abril y junio?

bicycle, BAI-sik-el   nombre   la bicicleta
bike   BAIK
          Edward goes to the park on a bicycle.
          Eduardo va al parque en bicicleta.

to ride a bicycle   expresión   montar en bicicleta,
                         idiomática   andar en bicicleta
          Do you know how to ride a bicycle?
          ¿Sabes montar en bicicleta?

big BIG   adjetivo   grande
          The giant is very big.
          El gigante es muy grande.

bigger BIG-ger   adverbio   más grande que
          My pencil is bigger than your pencil!
          ¡Mi lápiz es más grande que tu lápiz!

bike (See **bicycle)**

bill (of money) BI̲L̲   nombre   el billete
Here is a ten-dollar bill.
Aquí hay un billette de diez dólares.

bird BU̲RD   nombre   el pájaro
The bird is in the tree.
El pájaro está en el árbol.

birthday BU̲RTH-dei   nombre   el cumpleaños,
la fiesta
My birthday is Friday.
Mi cumpleaños es viernes.

  Happy birthday!   expresión   ¡Feliz cumpleaños!
idiomática

to bite BA̲I̲T   verbo   picar (insects);
morder
Do flies bite?
¿Pican las moscas?

black BLAK   adjetivo   negro (masc.)
negra (fem.)
He has black hair.
Tiene el pelo negro.

blackboard BLAK-ba̲w̲rd   nombre   la pizarra
(chalkboard)

I am drawing a tree on the blackboard.
Estoy dibujando un árbol en la pizarra.

---

blanket   BLANG-k<u>i</u>t   nombre   la cobija
I am under the blanket.
Estoy debajo de la cobija.

---

blind   BL<u>AI</u>ND   adjetivo   ciego (masc.)
ciega (fem.)

The old lion is blind.
El león viejo es ciego.

to play blind-man's   expresión   jugar a la gallina
buff   idiomática   ciega
They are playing blind-man's buff.
Ellos juegan a la gallina ciega.

---

blond   BL<u>A</u>ND   adjetivo   rubio (masc.)
rubia (fem.)

She has blond hair.
Tiene el pelo rubio.

---

blood   BL<del>E</del>D   nombre   la sangre
Blood is red.
La sangre es roja.

---

blow   BL<u>OH</u>   nombre   el golpe
He gives me a blow on the shoulder.
Me da un golpe en el hombro.

blue   BLU   adjetivo   azul
The sea is blue.
El mar es azul.

boat   BOHT   nombre   el barco
I see a boat in the ocean.
Veo un barco en el océano.

book   BAUHK   nombre   el libro
The book is on the radio.
El libro está sobre el radio.

boot   BUT   nombre   la bota
Where are my boots?
¿Dónde están mis botas?

to be bored   BAWRD   verbo   aburrirse
I am bored when it rains.
Me aburro cuando llueve.

born   BAWRN   adjetivo   nacido (masc.),
                                        nacida (fem.)
Born in Mexico, my father now lives in the
    United States.
Nacido en México, mi padre vive ahora en los
    Estados Unidos.

    to be born   expresión   nacer
                          idiomática

to borrow   BAR-oh   verbo   prestar
May I borrow a pen?
¿Me prestas una pluma?

bottle   BAT-l   nombre   la botella
Milk is in the bottle.
La leche está en la botella.

---

bowl   BOHL   nombre   el sopero,
el plato hondo,
la sopera

Here is a bowl of rice.
Aquí hay un sopero de arroz.

---

box   BAKS   nombre   la caja
There is candy in the box.
Hay dulces en la caja.

---

boy   BOI   nombre   el muchacho,
el chico, el niño
The boy is playing with his brother.
El muchacho está jugando con su hermano.

---

branch   BRANCH   nombre   la rama
The branch of the tree has many leaves.
La rama del árbol tiene muchas hojas.

---

bread   BRED   nombre   el pan
The bread is on the table?
¿El pan está en la mesa?

---

to break   BREIK   verbo   romper
I don't want to break the glass.
No quiero romper el vaso.

---

breakfast   BREK-fest   nombre   el desayuno
I have orange juice for breakfast.
Yo tomo jugo de naranja para el desayuno.

---

bridge   BRIDJ   nombre   el puente
We cross the bridge by car.
Nosotros cruzamos el puente en auto.

---

briefcase   BRIF-keis   nombre   el portafolio
I put my books into my briefcase.
Pongo mis libros en el portafolio.

---

to bring   BR<u>I</u>NG   verbo   traer
               I am bringing some sandwiches for the picnic.
               Yo traigo sandwiches para el día de campo.

---

broad   BR<u>AW</u>D   adjetivo   ancho (masc.)
                                      ancha (fem.)
               The table is broad.
               La mesa es ancha.

---

broom   BRUM   broom   la escoba
               Give me the broom, please.
               Dame la escoba, por favor.

---

brother   BR<u>E</u>TH-ər   nombre   el hermano
               How many brothers do you have?
               ¿Cuántos hermanos tienes tú?

---

brown   BR<u>OW</u>N   adjetivo   color café, marrón,
                                      castaño (masc.),
                                      castaña (fem.)
               I have brown eyes.
               Tengo los ojos color café.
               The wall is brown.
               La pared es marrón.
               She has brown hair.
               Tiene el pelo castaño.

---

brush   BR<u>E</u>SH   nombre   el cepillo
               The man has the brush.
               El hombre tiene el cepillo.

hairbrush	nombre	el cepillo de pelo
toothbrush	nombre	el cepillo de dientes
to brush	verbo	cepillarse

He is brushing his hair.
El se cepilla el pelo.

---

bucket BŁK-it   nombre   la cubeta, el cubo
I put shells in the bucket.
Pongo las conchas en la cubeta.

---

building BIL-ding   nombre   el edificio
Our school has three buildings.
Nuestra escuela tiene tres edificios.

---

burglar BUR-glŁr   nombre   el ladrón
(thief)   The burglar is cunning.
El ladrón es astuto.

---

to burn BURN   verbo   quemar
The man is burning papers in the fireplace.
El hombre está quemando papeles en la
    chimenea.

---

bus BŁS   nombre   el autobús, el camión
(de pasajeros)

We are going to the museum by bus.
Vamos al museo en autobús.

---

busy BIZ-i   adjetivo   ocupado (masc.)
ocupada (fem.)

My father is always busy.
Mi padre siempre está ocupado.

---

but   BET   conjunción   pero
Laura wants to go to the circus, but she doesn't
have any money.
Laura quiere ir al circo pero no tiene dinero.

---

butcher   BAUHCH-er   nombre   el carnicero
The butcher is in the butcher shop.
El carnicero está en la carnicería.

butcher shop   nombre   la carnicería
The woman buys meat in the butcher shop.
La mujer compra carne en la carnicería.

---

butter   BET-er   nombre   la mantequilla
Butter is yellow.
La mantequilla es amarilla.

---

button   BET-n   nombre   el botón
The button is made of wood.
El botón está hecho de madera.

---

to buy   BAI   verbo   comprar
I would like to buy an orange.
Me gustaría comprar una naranja.

---

by   BAI   preposición   por, en, a través
My brother goes to work by subway.
Mi hermano se va al trabajo en el metro.

by air   expresión   en avión
                   idiomática   (See **airplane**)

by car   expresión   en auto (See **car**)
                   idiomática

by airmail   expresión   por avión
                   idiomática

C

cabbage   KAB-<u>i</u>dj   nombre   el repollo, la col
Do you like cabbage?
¿Te gusta el repollo?

cafe   ka-FEI   nombre   el café
The cafe is located on the avenue.
El café se encuentra en la avenida.

cake   KEIK   nombre   la torta
Mom makes a pretty cake for me.
Mamá prepara una bonita torta para mí.

calendar   KAL-<s>e</s>n-d<s>e</s>r   nombre   el calendario
The calendar is on the wall.
El calendario está en la pared.

to call   K<u>AW</u>L   verbo   llamar
Frederick calls his friend.
Federico llama a su amigo.

to be called   expresión   llamarse
idiomática
He is called (his name is) Frank.
El se llama Francisco.

calm   KAHM   adjetivo   tranquilo (masc.)
tranquila (fem.)
The ocean is calm today.
El océano está tranquilo hoy.

camera   KAM-r<s>e</s>   nombre   la cámara
Anthony is carrying a camera.
Antonio lleva una cámara.

camp   KAMP   nombre   el campo (de vacaciones),
el campamento

There is the camp for boys.
Allí está el campo (de vacaciones) para
los chicos.

---

can KAN verbo poder
(to be able to)
Can you come out?
¿Puedes salir?

---

candy KAN-di nombre el dulce
Harriet likes candy.
A Enriqueta le gustan los dulces.

---

capital KAP-i-tǿl nombre la capital
Do you know the name of the capital of the
United States?
¿Sabe usted el nombre de la capital de los
Estados Unidos?

car KAHR nombre el auto, el coche

by car expresión en auto, en coche
idiomática
We are going to the fair by car.
Vamos a la feria en auto.

car (on train) nombre el vagón, el carro

---

card KAHRD nombre la tarjeta
I write my name on the card.
Yo escribo mi nombre en la tarjeta.

post card   expresión idiomática   la tarjeta postal

to play cards   expresión idiomática   jugar a las cartas

---

carefully   KEHR-f∅-li   adverbio   con cuidado
      Louise carries the bottle carefully.
      Luisa carga (lleva) la botella con cuidado.

---

baby carriage   (See **baby)**

---

carrot   KAR-∅t   nombre   la zanahoria
      Carrots are on the plate.
      Las zanahorias están en el plato.

---

to carry   KAR-i   verbo   cargar, llevar
      The dog is carrying a newspaper.
      El perro lleva un periódico.

---

castle   KAS-∅l   nombre   el castillo
      There is water around the castle.
      Hay agua alrededor del castillo.

---

cat   KAT   nombre   el gato
      The cat is playing with the girl.
      El gato juega con la niña.

---

to catch   KACH   verbo   agarrar, coger, capturar

My brother is catching a turtle.
Mi hermano agarra una tortuga.

---

ceiling   SI-ling   nombre   el cielo raso
I am looking at the ceiling.
Veo el cielo raso de la casa.

---

celery   SEL-ri   nombre   el apio
Do you want some celery?
¿Quieres apio?

---

cellar   SEL-ɇr   nombre   la bodega;
el sótano
The staircase leads to the cellar.
La escalera da a la bodega.

---

certain   SUR-tɇn   adjetivo   seguro (masc.)
(sure)   segura (fem.)
Today is Tuesday. Are you certain?
Hoy es martes. ¿Estás seguro?

---

chair   CHEHR   nombre   la silla
There are five chairs in the kitchen.
Hay cinco sillas en la cocina.

---

chalk   CHAWK   nombre   la tiza
The teacher is writing on the chalkboard with
white chalk.
La maestra está escribiendo en la pizarra con
tiza blanca.

---

to change   CHEINDJ   verbo   cambiar
Sometimes the sea changes color.
A veces el mar cambia de color.

---

change   CHEINDJ   nombre   el cambio,
el menudo, el suelto
The salesman gives me change.

El vendedor me da el cambio.

cheap CHIP   adjectivo   barato (masc.),
                                                   barata (fem.),
                 adverbio   a poco costo
Oranges are cheap today.
Las naranjas son baratas hoy.

check (in restaurant) CHEK   nombre   la cuenta
The waiter brings the check.
El mesero (mozo) trae la cuenta.

cheerful CHIR-føl   adjetivo   alegre
On a day off I am always cheerful.
En día libre, siempre estoy alegre.

cheese CHIZ   nombre   el queso
I would like a cheese sandwich.
Me gustaría un sándwich de queso.

cherry CHER-i   nombre   la cereza
When cherries are red they are ripe.
Cuando las cerezas están rojas, están maduras.

chicken CHIK-øn   nombre   el pollo
Do you prefer chicken or fish?
¿Tú prefieres pollo o pescado?

child CHAILD   nombre   el niño (masc.)
                                              la niña (fem.)
The child is playing in the playground.
La niña juega en el patio de recreo.

children CHIL-drøn   nombre   los niños

chimney CHIM-ni   nombre   la chimenea
The cat is near the chimney.
El gato está cerca de la chimenea.

chin CH<u>I</u>N   nombre   la barba
Show me your chin.
Muéstrame la barba.

chocolate CH<u>AW</u>-kl<u>i</u>t   nombre   el chocolate
Olivia likes chocolate.
A Olivia le gusta el chocolate.

to choose CHUZ   verbo   escoger
She chooses the black shoes.
Ella escoge los zapatos negros.

church CH<u>UR</u>CH   nombre   la iglesia
The church is on the corner of the street.
La iglesia está en la esquina de la calle.

cigarette s<u>i</u>g-¢-RET   nombre   el cigarrillo
There is a cigarette in the street.
Hay un cigarrillo en la calle.

circle S<u>UR</u>-k¢l   nombre   el círculo
Look—my hoop is a circle!
Mira—¡mi aro es un círculo!

circus S<u>UR</u>-k¢s   nombre   el circo
I like to look at the clown at the circus.
Me gusta mirar al payaso en el circo.

---

city SIT-i   nombre   la ciudad
There are many buildings in the city.
Hay muchos edificios en la ciudad.

---

class KLAS   nombre   la clase
She likes the science class.
Le gusta a ella la clase de ciencia.

---

classroom KLAS-rum   nombre   la sala de clase
Where is the classroom?
¿Dónde está la sala de clase?

---

clean KLIN   adjetivo   limpio (masc.)
                                             limpia (fem.)
My shoes are not clean.
Mis zapatos no están limpios.

  to clean   verbo   limpiar
Who cleans your house?
¿Quién limpia tu casa?

---

clear KLIR   adjetivo   claro (masc.)
                                             clara (fem.)

The water is clear.
El agua está clara.

---

clever KLEV-er   adjetivo   listo (masc.)
                                             lista (fem.)

The cat is a clever animal.
El gato es un animal listo.

---

to climb KL<u>AI</u>M verbo   subir, ascender, trepar
                                           (con pies y manos)
            The monkey climbs the tree.
            El mono se trepa al árbol.

clock KL<u>A</u>K nombre   el reloj
            The clock is on the wall.
            El reloj está en la pared.

to close KL<u>OH</u>Z verbo   cerrar
            I close the desk drawer.
            Cierro el cajón del escritorio.

close to KL<u>OH</u>S t¢ preposición   cerca de
            The refrigerator is close to the wall.
            La refrigeradora está cerca de la pared.

closet KLAHZ-<u>it</u> nombre   el ropero, el armario,
                                           el gabinete
            I put my sweater in the closet.
            Pongo mi suéter en el ropero.

clothes, KL<u>OH</u>Z nombre   la ropa
  clothing KL<u>OH</u>-thing
            My clothes are in the box.
            Mi ropa está en la caja.

cloud KL<u>OW</u>D nombre   la nube
            I see some white clouds in the sky.
            Yo veo nubes blancas en el cielo.

clown KL<u>OW</u>N nombre   el payaso
            The clown wears a funny hat.
            El payaso lleva un sombrero cómico.

coat K<u>OH</u>T nombre   el abrigo; el sobretodo; el saco
            He is putting on his coat.
            El se pone el abrigo.

---

coffee   K<u>AW</u>F-i   nombre   el café
        Mama drinks black coffee.
        Mamá toma café negro (café solo).

---

cold   K<u>OH</u>LD   adjetivo   frío (masc.), fría (fem.)
        I am cold when it snows.
        Yo tengo frío cuando nieva.

   it is cold   expresión   hace frío
                   idiomática

   to be cold   expresión   tener frío
                   idiomática

---

cold (illness)   K<u>OH</u>LD   nombre   el resfriado, el catarro
        I cough and sneeze when I have a cold.
        Yo toso y estornudo cuando tengo un resfriado.

---

color   K<u>UH</u>L-ər   nombre   el color
        Red is my favorite color.
        El rojo es mi color favorito.

   to color   verbo   colorear, pintar
        I am coloring a picture.
        Yo coloreo un cuadro.

---

comb   K<u>OH</u>M   nombre   el peine
        My comb is in my pocketbook.
        Mi peine está en la bolsa.

   to comb   verbo   peinarse
        He combs his hair in the morning.
        Se peina por la mañana.

---

to come   K<u>UH</u>M   verbo   venir
        My friend is coming soon.
        Mi amigo viene pronto.

   to come into   expresión   entrar
                   idiomática

She comes into the classroom.
Ella entra en la sala de clase.

---

comfortable   KŒM-fŕ-tŕ-bŕl   adjetivo   cómodo (masc.),
                                                cómoda (fem.)

The sofa is comfortable.
El sofá es cómodo.

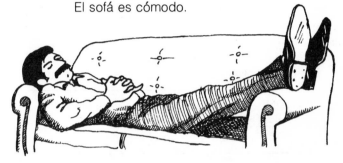

---

company   KŒM-pŕ-ni   nombre   la compañía
I would like to work for a large company.
Me gustaría trabajar en una compañía grande.

---

to complain   kŕm-PLEIN   verbo   quejarse
My sister is complaining again.
Mi hermana está quejándose otra vez.

---

completely   kŕm-PLIT-li   adverbio   completamente
My hands are completely wet.
Mis manos están completamente mojadas.

---

to continue   kŕn-TIN-yu   verbo   continuar, seguir
I am continuing to play baseball instead
   of studying.
Yo sigo jugando al béisbol en vez de estudiar.

---

to cook   KAUHK   verbo   cocinar, preparar la comida
He is learning to cook.
Él aprende a cocinar.

---

cookie KAUHK-i nombre la galletita, la galleta
The dog would like a cookie.
Al perro le gustaría una galletita.

cool KUL adjetivo fresco (masc.), fresca (fem.)
It is cool near the ocean.
Hace fresco cerca del océano.

to copy KAP-i verbo copiar
Philip copies the words from the blackboard.
Felipe copia las palabras de la pizarra.

corn KAWRN nombre el maíz
The corn is growing in the field.
El maíz crece en el campo.

corner KAWR-nər nombre la esquina
The store is on the corner of the street.
La tienda está en la esquina de la calle.

correct kə-REKT adjetivo correcto (masc.),
correcta (fem.)
Who knows the correct word?
¿Quién sabe la palabra correcta?

to cost KAWST verbo costar
How much does the pineapple cost?
¿Cuánto cuesta la piña?

cotton KAT-ən nombre el algodón
The dress is made of cotton.
El vestido está hecho de algodón.

to cough KAWF verbo toser
I cough when I am sick.
Yo toso cuando estoy malo.

to count KOWNT   verbo   contar
Count the balloons.
Cuenta los globos.

country KEN-tri   nombre   el país
Spain is a country.
España es un país.

courageous ke-REI-djes   adjetivo   valiente
The fireman is courageous.
El bombero es valiente.

of course av KAWRS   interjección   por supuesto, ¡cómo no!
Do you like chocolate ice cream? Of course!
¿Te gusta el helado de chocolate?
¡Por supuesto!

cousin KEZ-en   nombre   el primo (masc.),
                                          la prima (fem.)
My cousin is the daughter of my uncle.
Mi prima es la hija de mi tío.

covered KEV-erd   adjectivo   cubierto (masc.),
                                          cubierta (fem.)
The roof is covered with snow.
El techo está cubierto de nieve.

cover (See **blanket**)

cow   K<u>OW</u>   nombre   la vaca
The cow is black and white.
La vaca es negra y blanca.

cradle   KREID-I   nombre   la cuna
The cradle is empty.
La cuna está vacía.

crayon   KREI-ǿn   nombre   el lápiz de color
Ellen has a new box of crayons.
Elena tiene una caja nueva de lápices
(de color).

crazy   KREI-zi   adjetivo   loco (masc.), loca (fem.)
Is the animal crazy when he is frightened?
¿Se vuelve loco el animal cuando tiene miedo?

to cross   KR<u>AWS</u>   verbo   cruzar, atravesar
We are crossing the playground.
Estamos cruzando el patio de recreo.

to cry   KR<u>AI</u>   verbo   llorar
Why are you crying?
¿Por qué lloras?

cunning   K<del>E</del>N-<u>i</u>ng   adjetivo   astuto (masc.),
                                                    astuta (fem.)
Is the fox cunning?
¿Es astuta la zorra?

cup   KⱭP   nombre   la taza
Frances puts the cup in the cupboard.
Francisca pone la taza en el armario.

cupboard   KⱭB-Ɑrd   nombre   el armario
The plates are in the cupboard.
Los platos están en el armario.

curious   KYUR-yⱭs   adjetivo   curioso (masc.),
curiosa (fem.),
I am curious. What is in the letter?
Estoy curioso. ¿Qué hay en la carta?

curtain   KUR-t   nombre   la cortina
The new curtains are pretty.
Las cortinas nuevas son bonitas.

to cut   KⱭT   verbo   cortar
Bertha is cutting the apple.
Berta corta la manzana.

cute   KYUT   adjetivo   gracioso, mono (masc.),
graciosa, mona (fem.)
The kitten is cute.
El gatito es gracioso.

cutlet   KⱭT-lⱭt   nombre   la chuleta
The cutlet is delicious.
La chuleta está deliciosa.

D

dad,   DAD   nombre   papá
 daddy   DAD-i
Daddy says "Good morning."
Papá dice "Buenos días."

damp   DAMP   húmedo (masc.),
                                             húmeda (fem.)
> My shirt is damp.
> Mi camisa está húmeda.

to dance   DANS   verbo   bailar
> Do you know how to dance?
> ¿Sabes bailar?

dangerous   DEIN-djer-es   adjetivo   peligroso (masc.),
                                             peligrosa (fem.)
> It is dangerous to play with matches.
> Es peligroso jugar con fósforos.

to dare   DEHR   verbo   atreverse
> I dare to speak to the actor.
> Me atrevo a hablarle al actor.

dark   DAHRK   adjetivo   obscuro (masc.), oscuro
                                  obscura (fem.), oscura
> He is wearing a dark coat.
> El lleva un abrigo (saco) oscuro.

darling   DAHR-ling   adjetivo   precioso (masc.),
                                          preciosa (fem.)

> The baby is darling.
> El bebé es precioso.

date   DEIT   nombre   la fecha

What is the date of your birthday?
¿Cuál es la fecha de tu cumpleaños?

---

dear   DIR   adjetivo   querido (masc.),
                                          querida (fem.)
Louise is a dear friend.
Luisa es una amiga querida.

---

to deceive   di-SIV   verbo   engañar
I deceive my mother when I lie.
Yo engaño a mi madre cuando digo mentiras.

December   di-SEM-bǝr   nombre   el diciembre
It snows in December.
Nieva en diciembre.

---

to decorate   DEK-oh-reit   verbo   decorar
She is decorating her room.
Ella está decorando su cuarto.

---

deep   DIP   adjetivo   profundo (masc.),
                                          profunda (fem.)
Is the lake deep?
¿Es profundo el lago?

---

delicious   di-LISH-ǝs   adjetivo   delicioso (masc.),
                                          deliciosa (fem.)
The grapes are delicious.
Las uvas están deliciosas.

---

delighted   di-LAI-tǝd   adjetivo   encantado (masc.),
                                          encantada (fem.)
I am delighted when I get a present.
Yo estoy encantado cuando recibo un regalo.

---

dentist   DEN-tist   nombre   el dentista
I would like to become a dentist.
Me gustaría ser dentista.

---

desert   DEZ-ért   nombre   el desierto
There is a lot of sand in the desert.
Hay mucha arena en el desierto.

---

desk   DESK   nombre   el escritorio, el pupitre
   ·   The teacher's desk is in front of the pupils' desks.
El escritorio del profesor está delante de los
       pupitres de los alumnos.

---

dessert   di-ZURT   nombre   el postre
What is your favorite dessert?
¿Cuál es tu postre favorito?

---

to detest   di-TEST   verbo   detestar
I detest going to bed so early.
Yo detesto acostarme tan temprano.

---

dictionary   DIK-shén-ehr-i   nombre   el diccionario
How many words are there in the dictionary?
¿Cuántas palabras hay en el diccionario?

---

different   DIF-rent   adjetivo   diferente
These books are different.
Estos libros son diferentes.

---

difficult   DIF-é-kélt   adjetivo   difícil
The sentence is not difficult.
La oración no es difícil.

---

dining room   DAIN-ing rum   nombre   el comedor
The family eats in the dining room.
La familia come en el comedor.

---

dinner   DIN-ęr   nombre   la cena, la comida
We have fish for dinner.
Hay pescado para la cena.

---

to direct   di-REKT   verbo   dirigir
The music teacher directs the pupils.
La maestra de música dirige a los alumnos.

---

dirty   DUR-ti   adjetivo   sucio (masc.),
                                      sucia (fem.)
The tablecloth is dirty.
El mantel está sucio.

---

dishes   DISH-ęs   nombre   los platos
I am washing the dishes.
Yo lavo los platos.

---

displeased   dis-PLIZD   adjetivo   disgustado (masc.),
                                              disgustada (fem.)
The teacher is displeased when I do not do
   my homework.
Cuando no hago mis tareas, la maestra está
   disgustada.

---

distant   DIS-tęnt   adjetivo   alejado (masc.),
(far away)   alejada (fem.),
                                          distante
The store is not too distant.
La tienda no está distante.

---

to do   DU   verbo   hacer
What do you do on Mondays?
¿Qué haces los lunes?

---

doctor   DAK-tər   nombre   el médico, el doctor
The doctor speaks to the man.
El doctor le habla al hombre.

dog   DAWG   nombre   el perro
My dog follows me everywhere.
Mi perro me sigue por todas partes.

doll   DAL   nombre   la muñeca
The doll is on the chair.
La muñeca está en la silla.

dollhouse   nombre   la casa de muñecas

dollar   DAL-ər   nombre   el dólar
The brush costs one dollar.
El cepillo cuesta un dólar.

Well done!   WEL DƗN   interjección   ¡Bravo!
                                                  ¡Bien hecho!
My teacher says "Well done!"
Mi maestra dice: "¡Bravo!"

dominos   DAM-ə-nohz   nombre   el dominó
Let's play dominos.
Vamos a jugar al dominó.

donkey   DƗNG-ki   nombre   el burro
The donkey does not want to walk.
El burro no quiere caminar.

---

door D<u>AW</u>R   nombre   la puerta
The door is open.
La puerta está abierta.

doorbell   nombre   el timbre

doorknob   nombre   la manecilla (de la
                                          puerta), la bola

Don't you think so? expresión   ¿Verdad?, ¿No?
                         idiomática
The coffee is cold. Don't you think so?
El café está frío. ¿Verdad? (¿No?)

Don't you agree?   expresión   ¿No verdad?
                        idiomática   ¿De acuerdo?
There are many flowers in the country.
    Don't you agree?

Hay muchas flores en el campo. ¿No?
(¿De acuerdo?)

---

dozen D<u>E</u>Z-ẹn   nombre   la docena
There are twelve eggs in a dozen.
Hay doce huevos en una docena.

---

to drag DRAG   verbo   arrastrar, tirar
The dog is dragging a shoe.
El perro arrastra un zapato.

---

to draw DR<u>AW</u>   verbo   dibujar, hacer un dibujo
Claude draws a picture of an airport.
Claudio dibuja un aeropuerto.

---

drawer DR<u>AW</u>R   nombre   el cajón; la gaveta
Dorothy puts the jewelry in the drawer.
Dorotea pone las joyas en el cajón.

---

to dream   DRIM   verbo   soñar

He dreams of having a million dollars.
El sueña en tener un millón de dólares.

---

dress   DRES   nombre   el vestido

Jane's dress is made of wool.
El vestido de Juana es de lana.

to get dressed   expresión   vestirse
                   idiomática

He gets dressed at eight o'clock in the morning.
Él se viste a las ocho de la mañana.

---

to drink   DR_I_NGK   verbo   beber, tomar

She is drinking orange juice.
Ella toma jugo de naranja.

---

to drive (car)   DR_AI_V   verbo   conducir, manejar

Do you know how to drive a car?
¿Sabes conducir un auto?

driver   nombre   el chofer

The driver drives the car carefully.
El chofer conduce el auto con cuidado.

---

drugstore   DR_E_G-st_aw_r   nombre   la farmacia

The doctor enters the drugstore.
El médico entra en la farmacia.

---

drum   DR_E_M   nombre   el tambor

William plays the drum with his friends.
Guillermo toca el tambor con sus amigos.

---

dry   DR_AI_   adjetivo   seco (masc.),
                                  seca (fem.)

My gloves are dry.
Mis guantes están secos.

---

duck   DᶒK   nombre   el pato
The duck has a yellow beak.
El pato tiene el pico amarillo.

---

during   DUR-<u>ing</u>   preposición   durante
During the afternoon, Paul has a good time
    on the swing.
Durante la tarde, Pablo se divierte en
    el columpio.

E

---

each   ICH   adjetivo   cada
I give a ruler to each pupil.
Le doy una regla a cada alumno.

    each one   expresión   cada uno
                    idiomática

---

ear   IR   nombre   la oreja
The sheep has two ears.
La oveja tiene dos orejas.

---

early   <u>UR</u>-li   adverbio   temprano
The rooster gets up early.
El gallo se levanta temprano.

---

to earn   <u>UR</u>N   verbo   ganar

I am too young to earn money.
Soy muy joven para ganar dinero.

---

earth <u>URTH</u>   nombre   la tierra
The earth is one of the planets.
La tierra es uno de los planetas.

---

east IST   nombre   el este
The sun rises in the east.
El sol sale en el este.

---

easy I-zi   adjetivo   fácil
It is easy to learn Spanish.
Es fácil aprender español.

---

to eat IT   verbo   comer
Eleanor is eating a cheese sandwich.
Leonor come un sándwich de queso.

---

edge (shore) EDJ, SH<u>AWR</u>   nombre   la orilla
I am standing at the ocean shore.
Estoy en la orilla del océano.

---

egg EG   nombre   el huevo
I eat an egg for breakfast.
Como un huevo para el desayuno.

---

eight EIT   adjetivo   ocho
Here are eight buttons.
Aquí hay ocho botones.

---

eighteen ei-TIN   adjetivo   dieciocho,
                                         diez y ocho
I am going to number 18, California Street.
Voy al número dieciocho de la calle California.

---

eighty EI-ti   adjetivo   ochenta
The university is eighty kilometers from here.

La universidad está a ochenta kilómetros de aquí.

---

electric i-LEK-tri̱k adjetivo eléctrico (masc.),
eléctrica (fem.)
It is an electric refrigerator.
Es una refrigeradora eléctrica.

electric stove nombre la estufa eléctrica

electric train nombre el tren eléctrico

electric typewriter nombre la máquina de
escribir eléctrica

---

elephant EL-ǝ-fǝnt nombre el elefante
The elephant has two large ears.
El elefante tiene dos orejas grandes.

---

eleven i̱-LEV-ǝn adjetivo once
The student has eleven books.
El alumno tiene once libros.

---

empty EMP-ti adjetivo vacío (masc.),
vacía (fem.)
The taxi is empty.
El taxi está vacío.

---

end END nombre el fin
This is the end of the book.
Éste es el fin del libro.

---

engineer en-dji̱-NIR nombre el ingeniero
What does the engineer do?
¿Qué hace el ingeniero?

---

enough i̱-NǝF adverbio bastante
The dog is thin. He does not have enough to eat.
El perro está flaco. No tiene bastante
para comer.

---

to enter   EN-t#r   verbo   entrar
They enter the restaurant.
Ellos entran en el restaurante.

envelope   EN-v#-lohp   nombre   el sobre
He puts a stamp in the corner of the envelope.
El pone un sello en la esquina del sobre.

equal   I-kw#l   adjetivo   igual
These two pencils are equal (in size).
Los dos lápices son iguales.

to erase   i-REIS   verbo   borrar
Please erase the blackboard.
Borra la pizarra, por favor.

eraser   i-REI-ser   nombre   el borrador
Do you have an eraser?
¿Tienes un borrador?

error   ER-#r   nombre   la falta, el error
I make errors when I write in English.
Yo cometo errores cuando escribo en inglés.

especially   es-PESH-#-li   adverbio   especialmente
I like ice cream, especially vanilla ice cream.
Me gusta el helado, especialmente el helado
de vainilla.

even   I-v#n   adverbio   ni

The baby is not even sleepy.
El bebé no tiene ni sueño.

---

evening IV-ning   nombre   la noche
In the evening she does her homework.
Ella hace sus tareas por la noche.

---

every EV-ri   adjetivo   cada, todos, todas
I put every stamp in the box.
Yo pongo cada timbre (sello) en la caja.

everybody   pronombre   todo el mundo
everyone   pronombre
Everyone is in the park.
Todo el mundo está en el parque.

everywhere   adverbio   por todas partes
I look everywhere for my comb.
Yo busco mi peine por todas partes.

---

examination eg-zam-i-NEI-shən   nombre   el examen
Do we have an examination today?
¿Tenemos examen hoy?

---

excellent EK-sə-lənt   adjetivo   excelente
The film is excellent.
La película es excelente.

---

excuse me ek- SKYUZ MI   expresión   dispénseme usted
                                 idiomática
Excuse me, what time is it?
Dispénseme usted, ¿qué hora es?

---

expensive ek-SPEN-siv   adjetivo   caro (masc.),
                                               cara (fem.)
The briefcase is too expensive.
El portafolio es demasiado caro.

---

to explain ek-SPLEIN   verbo   explicar

She explains the lesson to him.
Ella le explica la lección a él.

---

extraordinary   adjetivo   extraordinario (masc.),
      ek-STRAWR-di-ner-i   extraordinaria (fem.)
      What an extraordinary photograph!
      ¡Qué fotografía tan extraordinaria!

---

eye Al   nombre   el ojo
      My eye hurts.
      Me duele el ojo.

F

---

face FEIS   nombre   la cara
      He has a round face.
      El tiene la cara redonda.

---

factory FAK-te-ri   nombre   la fábrica
      The factory is near our apartment.
      La fábrica está cerca de nuestro apartamento.

---

fair FEHR   nombre   la feria
      There are many games at the fair.
      Hay muchos juegos en la feria.

---

fair FEHR   adjetivo   justo (masc.),
                                          justa (fem.)
      The teacher's marks are fair.
      Las notas de la maestra son justas.

---

fairy FEHR-i   nombre   el hada
What is the fairy's name in the tale?
¿Cómo se llama el hada en el cuento?

---

fall F<u>AW</u>L   nombre   el otoño
Do you prefer fall or spring?
¿Prefieres el otoño o la primavera?

---

to fall F<u>AW</u>L   verbo   caer, caerse
Leaves fall from the tree when it is windy.
Las hojas se caen del árbol cuando hace viento.

---

family FAM-ø-li   nombre   la familia
There are seven people in my family.
Hay siete personas en mi familia.

---

famous FEI-møs   adjetivo   famoso (masc.),
                                                                      famosa (fem.)
The astronaut is famous.
El astronauta es famoso.

---

fan FAN   nombre   el ventilador
My neighbor has a fan in the window.
Mi vecino tiene un ventilador en la ventana.

---

far FAHR   adverbio   lejos
Is Washington far from New York?
¿Está Washington lejos de Nueva York?

---

farm FAHRM   nombre   la granja, la finca
Vegetables grow on a farm.
Las legumbres crecen en la granja.

---

farmer FAHR-mør   nombre   el agricultor,
                                                                      el ranchero
The farmer lives on the farm.
El agricultor vive en la granja.

---

fast	FAST	adverbio	rápidamente

The butcher cuts the meat fast.
El carnicero corta la carne rápidamente.

fast	FAST	adjetivo	rápido (masc.), rápida (fem.)

The butcher is a fast worker.
El carnicero es un trabajador rápido.

fat	FAT	adjetivo	gordo (masc.), gorda (fem.)

The baby is fat.
El bebé es gordo.

father	FAH-ther	nombre	el padre

My father is a fireman.
Mi padre es bombero.

favorite	FEI-ver-it	adjetivo	favorito (masc.), favorita (fem.)

Here is my favorite doll.
Aquí está mi muñeca favorita.

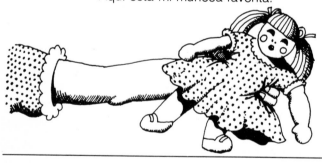

February	FEB-ru-er-i	nombre	el febrero

Are there twenty-eight days in the month of February?
¿Hay vientiocho días en el mes de febrero?

to feel FIL   verbo   sentir
I am not feeling well today.
No me siento bien hoy.
How do you feel?
¿Cómo está usted? (¿Cómo estás tú?)
(¿Cómo le va a usted?)

feet (See **foot**)

ferocious fɇ-R<u>OH</u>-shɇs   adjetivo   feroz
The leopard is ferocious.
El leopardo es feroz.

fever FI-vɇr   nombre   la fiebre
I am sick but I do not have a fever.
Estoy enfermo pero no tengo fiebre.

field FILD   nombre   el campo

The sheep are in the field.
Las ovejas están en el campo.

fierce FIRS   adjetivo   feroz
A mouse is not a fierce animal.
Un ratón no es un animal feroz.

fifteen <u>fif</u>-TIN   adjetivo   quince
There are fifteen boys in the street.
Hay quince niños en la calle.

fifty   FIF-ti   adjetivo   cincuenta
The flag of the United States has fifty stars.
La bandera de los Estados Unidos tiene
    cincuenta estrellas.

to fill   FIL   verbo   llenar
I fill my pockets with candy.
Me lleno los bolsillos de dulces.

film   FILM   nombre   la película
I like the film.
Me gusta la película.

finally   FAI-nøl-i   adverbio   por fin
He is finally finishing the book!
¡Por fin acaba el libro!

to find   FAIND   verbo   encontrar, hallar
Arnold finds a shell.
Arnoldo encuentra una concha.

finger   FIN-gør   nombre   el dedo
I have five fingers on my right hand.
Yo tengo cinco dedos en la mano derecha.

to finish   FIN-ish   verbo   terminar, acabar
Mom is finishing her work.
Mamá termina su trabajo.

fire   FAIR   nombre   el fuego
There is a fire in the house.
Hay fuego en la casa.

fireman   nombre   el bombero
The fireman is wearing boots.
El bombero lleva botas.

fireplace   nombre   la chimenea; el hogar

fire truck	nombre	el camión de bomberos

---

first FURST   adjetivo   primero, primer (masc.), primera (fem.)

Spanish is my first class.
La clase de español es mi primera clase.

---

fish FISH   nombre   el pez, los peces, el pescado (dead)

The fish lives in water.
El pez vive en el agua.
I like fish.
Me gusta el pescado.

to go fishing	expresión idiomática	ir de pesca
goldfish	nombre	el pescadito de color dorado
fish tank	nombre	el acuario

There are plants in the fish tank.
Hay plantas en el acuario.

---

five FAIV   adjetivo   cinco

She has five toes on each foot.
Ella tiene cinco dedos en cada pie.

---

to fix FIKS **(repair)**   verbo   arreglar, reparar

My father fixes the lamp.
Mi padre arregla la lámpara.

---

flag FLAG   nombre   la bandera

What color is the Mexican flag?
¿De qué color es la bandera mexicana?

---

flat FLAT   adjetivo   plano (masc.), plana (fem.)

The street is flat.
La calle es plana.

---

floor   FL<u>AW</u>R   nombre   el piso, el suelo
My apartment is on the first floor.
Mi apartamento está en el primer piso.
The telephone is on the floor.
El teléfono está en el suelo.

ground floor   expresión   el piso bajo, la planta baja
idiomática

---

flower   FL<u>OW</u>-er   nombre   la flor
Flowers are growing in the garden.
Algunas flores crecen en el jardín.

---

fly   FL<u>AI</u>   nombre   la mosca
The fly is an insect.
La mosca es un insecto.

---

to fly   FL<u>AI</u>   verbo   volar
The bird flies in the sky.
El pájaro vuela en el cielo.

to fly an airplane   expresión   conducir un avión
idiomática

---

fog   F<u>A</u>G   nombre   la niebla; la neblina
The fog is very thick.
La niebla está espesa.

---

to follow FAL-oh   verbo   seguir
   My shadow follows me everywhere.
   Mi sombra me sigue por todas partes.

foot,   FAUHT,   nombre   el pie
  feet (plural) FEET
           He has a sore foot.
           Tiene dolor de pie.

  on foot   expresión   a pie
              idiomática

for fər   preposición   para; por
           For lunch I have a sandwich.
           Para el almuerzo, tomo un sándwich.

   to wait for   expresión   esperar a
                 idiomática
                 I have been waiting for my cousin for one hour.
                 Hace una hora que espero a mi prima.

(It is) forbidden   expresión   Se prohibe, Prohibido
       it is fər-BID-ən idiomática
                 It is forbidden to sing.
                 Se prohibe cantar.

forest FAR-ist   nombre   el bosque
           The forest is full of trees.
           El bosque está lleno de árboles.

forever fawr-EV-ər   adverbio   siempre
           I will remember this story forever.
           Siempre voy a recordar esta historia.

to forget fawr-GET   verbo   olvidar
           Sometimes he forgets his handkerchief.
           A veces olvida su pañuelo.

fork F<u>AW</u>RK   nombre   el tenedor
I eat pie with a fork.
Yo como el pastel con tenedor.

forty F<u>AW</u>R-ti   adjetivo   cuarenta
There are forty strawberries in the box.
Hay cuarenta fresas en la caja.

four F<u>AW</u>R   adjectivo   cuatro
There are four cookies on the plate.
Hay cuatro galletitas en el plato.

fourteen f<u>aw</u>r-TIN   adjetivo   catorce
Are there fourteen saucers in the cupboard?
¿Hay catorce platitos en el armario?

fox F<u>A</u>KS   nombre   la zorra
The fox is similar to the dog.
La zorra es parecida al perro.

French FRENCH   adjetivo   francés (masc.),
                                                   francesa (fem.)
Here is some French cheese.
Aquí hay queso francés.

fresh FRESH   adjetivo   fresco (masc.),
                                                   fresca (fem.)
Is the fish fresh?
¿Está fresco el pescado?

Friday   FR<u>AI</u>-dei   nombre   el viernes

Mom goes to the supermarket on Fridays.

Mamá va al supermercado los viernes.

friend   FREND   nombre   amigo (masc.), amiga (fem.)

My friend and I are playing with the electric trains.

Mi amigo y yo jugamos con los trenes eléctricos.

frightening   FR<u>AI</u>T-ning   adjetivo   espantoso (masc.), espantosa (fem.)

Snakes are frightening.

Las culebras son espantosas.

frog   FR<u>A</u>G   nombre   la rana

The frog jumps into the water.

La rana salta al agua.

from   FR<u>A</u>M   preposición   de

He comes from the country.

El viene del campo.

in front of   <u>in</u> FR<s>E</s>NT <s>o</s>v   preposición   delante de

The boy is sitting in front of the little girl.

El niño está sentado delante de la niña.

fruit   FRUT   nombre   las frutas

There is a bowl of fruit on the table.

Hay un sopero de fruta en la mesa.

full   FAUHL   adjetivo   lleno (masc.), llena (fem.)

The basket is full of candy.

El canasto está lleno de dulces.

---

funny FŁN-i   adjetivo   gracioso, divertido,
                                            chistoso (masc.),
                                            graciosa, divertida,
                                            chistosa (fem.)
            The actress is funny.
            La actriz es graciosa.

---

future FYU-chłr   nombre   el futuro
            I am going to visit the United States in the future.
            Voy a visitar los Estados Unidos en el futuro.

G

---

game GEIM   nombre   el juego
            Baseball is a game.
            El béisbol es un juego.

---

garage głł-RAHZH   nombre   el garage, la cochera
            The car is in the garage.
            El automóvil está en el garage.

garden GAHR-dłn   nombre   el jardín
            Tomatoes are growing in the garden.
            Algunos tomates crecen en el jardín.

---

gas GAS   nombre   el gas, el petróleo
            Is it a gas refrigerator?

¿Es una refrigeradora de gas?

gas stove	nombre	la estufa de gas

---

gasoline gas-∉-LIN   nombre   la gasolina
(gas)   He is putting gasoline into the car.
             Le pone gasolina al coche.

---

gay GEI   adjetivo   alegre
(happy)
             She is gay on her birthday.
             Ella está alegre el día de su cumpleaños.

---

gentle DJEN-t∉l   adjetivo   suave, apacible,
                                        manso (masc.),
                                        mansa (fem.)
             The cow is a gentle animal.
             La vaca es un animal suave (manso).

---

geography dji-AG-r∉-fi   nombre .   la geografía
             I have to study the geography of Puerto Rico.
             Tengo que estudiar la geografía de Puerto Rico.

---

to get GET   verbo   agarrar, conseguir,
                                           obtener
             He gets a pail and shovel.
             El agarra un balde y una pala.

---

to get up get ∉P   expresión   levantarse
                        idiomática
             She gets up slowly.
             Ella se levanta despacio.

---

giant DJAI-∉nt   nombre   el gigante
             Is there a giant in the circus?
             ¿Hay un gigante en el circo?

---

gift GIFT   nombre   el regalo

225

A gift for me?
¿Un regalo para mí?

girl   GU̲R̲L̲   nombre   la niña, la muchacha,
                                                 la chica
The little girl is wearing an apron.
La niña lleva un delantal.

---

to give   GI̲V   verbo   dar
My aunt gives me a kiss.
Mi tía me da un beso.

  to give back   verbo   devolver

---

glad   GLAD   adjetivo   contento (masc.)
                                                 contenta (fem.)
The children are glad to see the snow.
Los niños están contentos de ver la nieve.

---

glass   GLAS   nombre   el vaso
The glass is dirty.
El vaso está sucio.

  made of glass   expresión   hecho de vidrio
                          idiomática

---

glasses   GLAS-ǿs   nombre   los lentes,
                                                 los anteojos
I am looking for my glasses.
Busco mis lentes.

---

glove GL*E*V   nombre   el guante
Susan takes off her gloves.
Susana se quita los guantes.

---

to glue GLU   verbo   pegar
He is glueing the stamp.
El está pegando el sello.

---

to go G*OH*   verbo   ir
We are going to the post office.
Nosotros vamos al correo.

to go (to work)   verbo   andar
The washing machine is not working.
La máquina de lavar no anda.

to go along   expressión   caminar, ir
(vehicle)   idiomática
The truck goes along the road.
El camión camina (va) por la carretera.

to go back   expresión   volver
                         idiomática
I am going back to the library to study.
Yo vuelvo a la biblioteca a estudiar.

to go to bed   expresión   acostarse
                         idiomática

to go down   expresión   descender, bajar
                         idiomática
The parachute goes down.
El paracaídas desciende.

to go fishing   expresión   ir de pesca
                         idiomática

to go out   expresión   salir
                         idiomática
The mouse goes out of the hole.
El ratón sale del agujero.

to go shopping   expresión   ir de compras
                            idiomática
The girls are going shopping.
Las chicas van de compras.

to go up   expresión   subir
                            idiomática
The airplane goes up into the sky.
El avión sube al cielo.

---

goat GO̲HT   nombre   el chivo, la cabra
The goat eats grass on the mountain.
La cabra come hierba en la montaña.

gold GO̲HLD   nombre   el oro
The gold watch is very expensive.
El reloj de oro es muy caro.

---

goldfish (See **fish**)

---

good GAUHD   adjetivo   buen, bueno (masc.)
                                         buena (fem.)
The story is good.
El cuento es bueno.

Good afternoon   expresión   Buenas tardes
                            idiomática

Good-bye   expresión   Adiós
                            idiomática

Good day	expresión idiomática	Buenos días
Good evening	expresión idiomática	Buenas tardes
Good luck	expresión idiomática	Buena suerte
Good morning	expresión idiomática	Buenos días

I say "Good morning" in the morning.
Yo digo "Buenos días" por la mañana.

Good night	expresión idiomática	Buenas noches

---

granddaughter   GRAND-d<u>aw</u>-t<s>e</s>r   nombre   la nieta

Our grandmother has two granddaughters.
Nuestra abuela tiene dos nietas.

---

grandfather   GRAND-fah-<u>th</u><s>e</s>r   nombre   el abuelo

My grandfather works in the garden.
Mi abuelo trabaja en el jardín.

---

grandmother   GRAND-m<s>e</s><u>th</u>-<s>e</s>r   nombre   la abuela

My grandmother is my grandfather's wife.
Mi abuela es la esposa de mi abuelo.

at my grandmother's house   expresión idiomática   en (la) casa de mi abuela

---

grandson   GRAND-s<s>e</s>n   nombre   el nieto

This man has five grandsons.
Este hombre tiene cinco nietos.

---

grape   GREIP   nombre   la uva

The fox looks at the grapes.
La zorra mira las uvas.

---

grapefruit   GREIP-frut   nombre   la toronja
The grapefruit skin is yellow.
La cáscara de la toronja es amarilla.

---

grass   GRAS   nombre   la hierba, el pasto
My brother cuts the grass.
Mi hermano corta la hierba.

---

grasshopper   GRAS-hap-ér   nombre   el saltón,
el chapulín
The grasshopper is an insect.
El chapulín es un insecto.

---

gray   GREI   adjetivo   gris
The clouds are gray.
Las nubes están grises.

---

great!   GREIT   interjección   ¡Magnífico!
The team has just won? Great!
¿El equipo acaba de ganar? ¡Magnífico!

---

great   GREIT   adjetivo   gran
Carlos Montoya is a great musician.
Carlos Montoya es un gran músico.

---

green   GRIN   adjetivo   verde

The leaves on the plants are green.
Las hojas de las plantas son verdes.

---

grocer GR<u>OH</u>-s<s>e</s>r   nombre   el tendero
The grocer sells a box of rice.
El tendero vende una caja de arroz.

---

grocery   <s>e</s>r-i   nombre   la tienda
(grocery store)
Do they sell chocolate candy in the grocery?
¿Venden dulces de chocolate en la tienda?

---

ground GR<u>OW</u>ND   nombre   la tierra
The children are sitting on the ground.
Los niños están sentados en la tierra.

  ground floor   nombre   el piso bajo, la
                                            planta baja

  playground   nombre   el sitio de recreo, el
                                            patio de recreo, la
                                            pista de recreo

---

to grow GR<u>OH</u>   verbo   crecer
Plants are growing in the valley.
Las plantas crecen en el valle.

---

to guard GAHRD   verbo   vigilar, proteger,
                                         cuidar
The dog guards the store.
El perro vigila la tienda.

---

to guess GES   verbo   adivinar
Can you guess the end of the story?
¿Puedes adivinar el fin del cuento?

---

guitar g<u>i</u>-TAHR   nombre   la guitarra
Do you have a guitar?
¿Tienes una guitarra?

---

gun	GŁN	nombre	el fusil, el arma de fuego

A gun is dangerous.
Un fusil es peligroso.

H

hair	HEHR	nombre	el cabello, el pelo

My hair is long.
Tengo el pelo largo.

hairbrush	nombre	el cepillo de pelo

half	HAF	nombre	la mitad

Give me half of the banana.
Dame la mitad del plátano.

half hour	expresión idiomática	la media hora

ham	HAM	nombre	el jamón

The little girl is eating ham.
La niña come jamón.

hammer	HAM-ŕr	nombre	el martillo

A hammer is useful.
Un martillo es útil.

hand	HAND	nombre	la mano

The boy raises his right hand; the girl raises her left hand.
El joven levanta la mano derecha; la chica levanta la mano izquierda.

left hand	nombre	la mano izquierda
right hand	nombre	la mano derecha

to shake hands	expresión idiomática	dar la mano

---

handbag, pocketbook, purse	HAND-bag PAK-et-bauhk PURS	nombre	la bolsa, la cartera,

The handbag is on the armchair.
La bolsa está en el sillón.

---

handkerchief	HANG-ker-chif	nombre	el pañuelo

Robert puts a handkerchief in his pocket.
Roberto mete un pañuelo en la bolsa
(el bolsillo).

---

handsome	HAN-sem	adjetivo	guapo (masc.) guapa (fem.)

The artist is handsome.
El artista es guapo.

(what is) happening? what iz HAP-en-ing?	expresión idiomática	¿Qué pasa?

I hear a noise. What is happening?
Oigo un ruido. ¿Qué pasa?

---

happy	HAP-i	adjetivo	feliz, contento (masc.) contenta (fem.)

Mark smiles when he is happy.
Marco sonríe cuando está contento.

Happy birthday!	expresión idiomática	¡Feliz cumpleaños!

---

hard		adjetivo	duro (masc.) dura (fem.)

The chair is too hard.
La silla es muy dura.

---

hat HAT	nombre	el sombrero

The hat is on the donkey.
El sombrero está en el burro.

---

to hate   HEIT   verbo   odiar
The baby hates water.
El bebé odia el agua.

---

to have   HAV   verbo   tener
The boy has a worm.
El niño tiene un gusano.

to have (food)   verbo   tomar
What do you have for a snack?
¿Qué tomas para la merienda?

to have to   expresión   tener que
                   idiomática
You have to take a bath.
Tienes que bañarte.
I have to study.
Tengo que estudiar.

to have a good time   verbo   divertirse
They are having a good time at the party.
Se divierten en la fiesta.

to have a headache   expresión   tener dolor de
                     idiomática   cabeza

to have a sore ...   expresión   tener dolor le
                     idiomática

Jerome has a sore throat.
Gerónimo tiene dolor de garganta.

to have just   expresión   acabar de
idiomática
He has just broken the mirror.
Acaba de romper el espejo.

---

hay HEI   nombre   el heno, la hierba seca
The horse eats hay.
El caballo come el heno.

---

he HI   pronombre   él
He is looking at the television antenna.
El mira la antena de la televisión.

---

head HED   nombre   la cabeza
I am turning the doll's head.
Yo volteo la cabeza de la muñeca.

---

health HELTH   nombre   la salud
Fruit is good for your health.
La fruta es buena para la salud.

---

to hear HIR   verbo   oír
Do you hear the music?
¿Oye usted la música?

---

heart HAHRT   nombre   el corazón
The heart is full of blood.
El corazón está lleno de sangre.

Hearty appetite!   expresión   ¡Buen provecho!
HAHR-ti AP-¢-tait   idiomática
Hearty appetite to everyone.
¡Buen provecho a todo el mundo!

---

heavy HEV-i   adjetivo   pesado (masc.),

pesada (fem.)
The piano is heavy.
El piano es pesado.

---

helicopter   HEL-i-kap-ter   nombre   el helicóptero
The helicopter goes to the airport.
El helicóptero va al aeropuerto.

---

hello   he-LOH   interjección   ¡Hola!
When I see my friend I say "Hello."
Cuando veo a mi amigo yo le digo "¡Hola!"

---

help!   HELP   interjección   ¡Socorro!
I cannot swim. Help!
No puedo nadar. ¡Socorro!

to help   verbo   ayudar
Michael is helping me carry the record player.
Miguel me ayuda a cargar el tocadiscos.

---

her, to her   HUR   pronombre   le, la, a ella
I speak to her.
Yo le hablo a ella.
I see her.
Yo la veo.

---

her   HUR   adjetivo   su, sus
It is her ribbon.
Es su cinta.

---

here   HIR   adverbio   aquí
Spanish is spoken here.
Aquí se habla español.
All the pupils are here today.
Todos los alumnos están aquí hoy. ·

to hide   HA̲I̲D   verbo   esconder
He hides the present in the closet.
El esconde el regalo en el armario.

(to play) hide-and-seek   expresión   jugar a las
    ha̲i̲d-n-SIK   idiomática   escondidas
He is playing hide-and-seek.
El juega a las escondidas.

high   HA̲I̲   adjetivo   alto (masc.),
                                      alta (fem.)
The mountain is very high.
La montaña es muy alta.

highway   HA̲I̲-wei   nombre   la carretera
There are many cars on the highway.
Hay muchos coches en la carretera.

him, to him   HI̲M   pronombre   le, a él, lo
I speak to him.
Yo le hablo a él.
I see him.
Yo lo veo.

his H<u>I</u>Z   adjetivo   su, sus
It is his towel.
Es su toalla.

---

history H<u>I</u>S-t∉-ri   nombre   la historia
Do you like the history teacher?
¿Te gusta el profesor de historia?

---

to hit H<u>I</u>T   verbo   pegar, golpear
He hits his finger with the hammer.
Le pega al dedo con el martillo.

---

hole H<u>O</u>HL   nombre   el agujero, el hoyo
There is a hole in my glove.
Hay un agujero en mi guante.

---

holiday H<u>A</u>L-i-dei   nombre   el día de fiesta
January first is a holiday.
El primero de enero es día de fiesta.

---

home H<u>O</u>HM   nombre   la casa
I return home at four o'clock.
Vuelvo a casa a las cuatro de la tarde.

  at the home of   expresión   en casa de
idiomática

---

homework H<u>O</u>HM-w<u>u</u>rk   nombre   la tarea, las tareas
I have just finished my homework.
Yo acabo de terminar mi tarea.

(in) honor of <u>i</u>n <u>A</u>N-∉r ∉v   expresión   en honor de
idiomática
The party is in honor of our teacher.
La fiesta es en honor de nuestra maestra.

---

to hope H<u>O</u>HP   verbo   esperar
He hopes to get a letter.

El espera recibir una carta.

(to play) hopscotch   expresión   jugar a la rayuela
     HAP-skach   idiomática
They are playing hopscotch in the playground.
Ellas juegan a la rayuela en el patio de recreo.

---

hoop   HUP   nombre   el aro
It is my brother's hoop.
Es el aro de mi hermano.

---

horse   HAWRS   nombre   el caballo
The boy rides a horse.
El muchacho monta a caballo.

---

hospital   HAS-pi-tøl   nombre   el hospital
The doctor at the hospital vaccinates me.
El doctor del hospital me vacuna.

(it is) hot   it iz HAT   expresión   hace calor
                           idiomática
It is hot in July.
Hace calor en julio.

   (to be) hot   expresión   tener calor
                           idiomática
Irene is hot in summer.
Irene tiene calor en el verano.

---

hotel   hoh-TEL   nombre   el hotel
The hotel is very tall.
El hotel es muy alto.

---

hour O̲W̲R   nombre   la hora
There are twenty-four hours in one day.
Hay vienticuatro horas en un día.

half hour   expresión   la media hora
idiomática

house HO̲W̲S   nombre   la casa
The house is on a mountain.
La casa está en una montaña.

dollhouse   nombre   la casa de muñecas

how much, HO̲W̲ ME̸CH   adverbio   ¿cuánto? ¿cuántos?
how many HO̲W̲ MEN-i   ¿cuántas? (fem.)
How many turtles do you have?
¿Cuántas tortugas tienes tú?

humid HYU-mi̲d   adjetivo   húmedo (masc.),
húmeda (fem.)
The air is humid.
El aire está húmedo.

hundred HE̸N-dr̸d   adjetivo   cien
There are one hundred people at the beach!
¡Hay cien personas en la playa!

one hundred   ciento

(to be) hungry   expresión   tener hambre
HE̸NG-gri   idiomática

The baby is crying because he is hungry.
El bebé llora porque tiene hambre.

Are you hungry?   expresión   ¿Tiene usted hambre?
                       idiomática   ¿Tienes tú hambre?

---

hunter HEN-ter   nombre   el cazador
The hunter climbs the mountain.
El cazador sube la montaña.

Hurray! he-REI   interjección   ¡Bravo! ¡Olé!
The dog shakes hands with me and I
    say "Hurray!"
El perro me saluda y yo digo "¡Olé!"

I

I AI   pronombre   yo
I am a boy.
Yo soy muchacho.

---

ice AIS   nombre   el hielo
Emily puts ice in her soda.
Emilia pone hielo en su refresco.

---

ice cream ais KRIM   nombre   el helado; la nieve
Do you like chocolate ice cream?
¿Te gusta el helado de chocolate?
    (la nieve de chocolate)

---

ice-skate AIS-SKEIT   nombre   el patín de hielo
Too bad! My ice-skates are too small!
¡Qué lástima! Mis patines son demasiado chicos.

to ice-skate   verbo   patinar en el hielo
The children are ice-skating.
Los niños patinan en hielo.

---

idea ai-DI-∉   nombre   la idea
He always has good ideas.
Él siempre tiene buenas ideas.

---

if IF   conjunción   si
If I wash the dishes, I may go to the movies.
Si lavo los platos, yo puedo ir al cine.

---

immediately i-MI-di-it-li   adverbio   inmediatamente,
en seguida
When Mother calls me, I answer immediately.
Cuando mamá me llama, contesto en seguida.

---

important im-PAWR-tent   adjetivo   importante
It is important to study.
Es importante estudiar.

---

impossible im-PAS-i-bel   adjetivo   imposible
It is impossible to do the homework.
Es imposible hacer la tarea.

---

in IN   preposición   en
We are in the museum.
Nosotros estamos en el museo.

---

inexpensively in-ik-SPEN-siv-li   adverbio   barato, a
poco costo
They are selling tomatoes inexpensively.
Ellos venden barato los tomates.

---

insect IN-sekt   nombre   el insecto
The bee is an insect.
La abeja es un insecto.

---

intelligent in-TEL-i-djent   adjetivo   inteligente
My cousin is very intelligent.
Mi primo es muy inteligente.

---

intentionally in-TEN-shƌn-ƌl-li   adverbio   adrede, con
                                                        intención
My brother hides the ball intentionally.
Mi hermano esconde la pelota adrede.

---

interesting IN-tƌr-ƌs-ting   adjetivo   interesante
It is interesting to play checkers.
Es interesante jugar a las damas.

---

into IN-tu   preposición   en
She goes into the drug store.
Ella entra en la farmacia.

---

to introduce in-trƌ-DUS   verbo   presentar
Please introduce your friend to me.
Preséntame a tu amigo, por favor.

---

to invite in-VAIT   verbo   invitar, convidar
The airline stewardess invites us to go into
    the airplane.
La camarera nos invita a entrar en el avión.

---

iron (metal) AI-ƌrn   nombre   el hierro
The nail is made of iron.
El clavo está hecho de hierro.

---

to iron AI-ƌrn   verbo   planchar
My grandmother is ironing a table cloth.
Mi abuela plancha un mantel.

---

is IZ   verbo   Él es, Ella es, Uno es . . .

isn't it? IZ-int it?   expresión   ¿No?, ¿No es verdad?
isn't that true?   idiomática
isn't that so?

The fog is dreadful, isn't it?
La niebla es terrible, ¿no?

is located   expresión   se encuentra

iz LOH-kei-ted   idiomática   se encuentran, está, están
Where is the supermarket located?
¿Dónde se encuentra el supermercado?

---

island AI-l*e*nd   nombre   la isla
They speak Spanish on the island of Puerto Rico.
Hablan español en la isla de Puerto Rico.

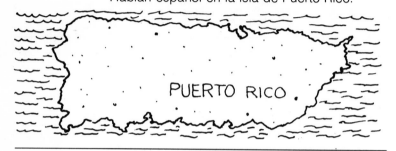

---

it IT   pronombre   lo, la
I'll take it.
Lo tomo.

It is a pity! it iz *ø* PIT-i   expresión   ¡Qué lástima!
idiomática
You don't hear the music? It is a pity!
¿No oyes la música? ¡Qué lástima!

---

its ITS   pronombre   su
The dog plays with its ball.
El perro juega con su pelota.

J

---

jacket DJAK-it   nombre   la chaqueta, el saco
I am going to buy a jacket.
Voy a comprar un saco.

---

jam DJAM   nombre   la conserva
He likes cherry jam.

A él le gusta la conserva de cereza.

January DJAN-yu-er-i   nombre   el enero
How many days are there in the month
of January?
¿Cuántos días hay en el mes de enero?

---

jet airplane (See **airplane**)

---

jewel   / DJU-ḗl   nombre   la joya,
(jewelry)   DJU-ḗl-ri   las joyas
The burglar hides the jewelry.
El ladrón esconde las joyas.

---

juice DJUS   nombre   el jugo
Ann is pouring juice into a glass.
Ana sirve jugo en un vaso.

orange juice   nombre   el jugo de naranja

July dju-LAI   nombre   el julio
It does not snow in July in New York.
No nieva en julio en Nueva York.

---

to jump DJ_MP   verbo   brincar, saltar
The grasshopper jumps in the field.
El chapulín salta en el campo.

to jump rope   expresión   brincar la cuerda
idiomática

June   DJUN   nombre   el junio
We go on a picnic in June.
Nosotros salimos en día de campo en junio.

K

---

kangaroo   kang-gø-RU   nombre   el canguro
There is a kangaroo in the zoo.
Hay un canguro en el jardín zoológico.

---

to keep   KIP   verbo   guardar
My father keeps a photograph in his pocket.
Mi padre guarda una fotografía en la bolsa
    (el bolsillo).

---

key   nombre   la llave
The key is in the drawer.
La llave está en el cajón.

---

to kick   KIK   expresión   dar patadas

Alice kicks the stone.
Alicia da patadas a la piedra.

---

to kill   KIL   verbo   matar
The hunter tries to kill the elephant.
El cazador trata de matar el elefante.

---

kilometer   KIL-ø-mi-tør   nombre   el kilómetro
We live (six miles) 10 kilometers from
    the museum.
Vivimos a diez kilómetros del museo.

---

kind   KAIND   adjetivo   bondadoso, generoso,
                              bondadosa, generosa (fem.)
My aunt is kind.
Mi tía es bondadosa.

What kind of?   expresión   ¿Qué clase de . . . ?
                    idiomática   ¿Qué tipo de . . . ?

---

king KING   nombre   el rey
              What is the king's name?
              ¿Cómo se llama el rey?

---

kiss KIS   nombre   el beso
             I give my little sister a kiss.
             Yo le doy un beso a mi hermanita.

---

kitchen KICH-en   nombre   la cocina
                 The kitchen in our apartment is very small.
                 La cocina de nuestro apartamento es
                   muy pequeña.

---

kite KAIT   nombre   el papalote, la cometa
              There are three kites in the air.
              Hay tres papalotes en el aire.

---

kitten KIT-en   nombre   el gatito
               The kitten is sleeping
               El gatito duerme.

---

knee NI   nombre   la rodilla
             I wash my knees.
             Yo me lavo las rodillas.

---

knife NAIF   nombre   el cuchillo

knives   (plural)
My sister cuts a grapefruit with a knife.
Mi hermana corta una toronja con un cochillo.

to knit   N<u>I</u>T   verbo   tejer
Patricia is knitting a sweater.
Patricia teje un suéter.

door knob   (See **door**)

to knock   N<u>A</u>K   verbo   tocar
The policeman knocks at the door.
El policía toca a la puerta.

to know   N<u>OH</u>   verbo   saber, conocer
I do not know the address.
Yo no sé la dirección.

to know somebody   conocer a
(See **to be acquainted with**)
I know Paul.
Conozco a Pablo.

to know how to   expresión   saber
idiomática
He knows how to play chess.
El sabe jugar al ajedrez.

L

lake   LEIK   nombre   el lago
There is a boat in the middle of the lake.
Hay un barco en medio del lago.

lamb   (See **sheep**)

lambchop   LAM-ch<u>a</u>p   nombre   la cuchillo de cordero

Do you want two lambchops?
¿Quiere usted dos chuletas de cordero?

---

lamp   LAMP   nombre   la lámpara
He is seated near a lamp.
El está sentado cerca de una lámpara.

---

large   LAHRDJ   adjetivo   grande
It is a large truck.
Es un camión grande.

---

last   LAST   adjetivo   último (masc.),
                                            última (fem.)

It is my last stamp.
Es mi último sello.

last one   last WEN   pronombre   el último (masc.),
                                            la última (fem.)
Virginia is the last one in the row.
Virginia es la última en la fila.

---

late   LEIT   adverbio   tarde
I come to the station late.
Yo llego tarde a la estación.

---

later   LEI-t∅r   adverbio   más tarde
Now I am studying; later I am going to play with
    my friends.
Ahora yo estudio; más tarde voy a jugar con
    mis amigos.

---

to laugh   LAF   verbo   reír, reírse
She laughs when she sees the clown.
Ella se ríe cuando ve al payaso.

---

lawyer   L<u>AW</u>-y∅r   nombre   el abogado, el licenciado
Lawyers are intelligent.
Los abogados son inteligentes.

---

lazy LEI-zi adjetivo   perezoso (masc.),
                                                    perezosa (fem.)
    Students are lazy when it is warm.
    Los estudiantes son perezosos cuando
      hace calor.

---

to lead LID verbo   dirigir, guiar
    I lead the child to the swing.
    Yo guío al niño al columpio.

---

leader LI-der nombre   el jefe
    We are playing "Follow the Leader."
    Estamos jugando a "Seguir al jefe."

---

leaf LIF nombre   la hoja
leaves (plural)
    There are many leaves on the ground in autumn.
    Hay muchas hojas en la tierra en otoño.

---

to leap LIP verbo   saltar
    The dog leaps from the sofa when he hears
      Mother's voice.
    El perro salta del sofá cuando oye la voz
      de mamá.

(to play) leap-frog   expresión   jugar a "salta la
                            idiomática   burra"

---

to learn L<u>UR</u>N verbo   aprender

He likes to learn English.
A él le gusta aprender inglés.

---

leather   LE<u>TH</u>-ə̸r   nombre   el cuero
My sister's skirt is made of leather.
La falda de mi hermana es de cuero.

---

to leave   LIV   verbo   irse, salir, partir
The secretary leaves the office.
La secretaria sale de la oficina.

to leave something   expresión   dejar
                           idiomática

---

left   LEFT   expresión   a la izquierda
                         idiómatica
The table is to the left of the armchair.
La mesa está a la izquierda del sillón.

---

leg   LEG   nombre   la pierna
The baby's legs are short.
Las piernas del bebé son cortas.

---

lemon   LEM-ə̸n   nombre   el limón
I am going to buy some lemons.
Voy a comprar unos limones.

---

to lend   LEND   verbo   prestar
Can you lend me your camera?
¿Puedes prestarme tu cámara?

---

leopard   LEP-ə̸rd   nombre   el leopardo
The leopard is in the tree.
El leopardo está en el árbol.

---

less   LES   adverbio   menos
Ten less two are eight.
Diez menos dos es (son) ocho.

---

lesson LES-ǿn   nombre   la lección
> The lesson is interesting.
> La lección es interesante.

Let's LETS   expresión   Vamos a
(let us)   idiomática
> Let's eat!
> ¡Vamos a comer!

---

letter LET-ǿr   nombre   la letra, la carta
> There are 26 letters in the English alphabet.
> Hay veintiséis letras en el alfabeto inglés.
> Here is a letter from my friend.
> Aquí hay una carta de mi amigo.

---

lettuce LET-is   nombre   la lechuga
> Lettuce is green.
> La lechuga es verde.

---

library LAI-brer-i   nombre   la biblioteca
> You have to speak softly when you are in
>   the library.
> Tienes que hablar quedito cuando estás en
>   la biblioteca.

---

lie LAI   nombre   la mentira
> I never tell lies!
> ¡Yo nunca digo mentiras!

---

light L<u>AI</u>T   nombre   la luz
The lamp gives light.
La lámpara da luz.

---

light L<u>AI</u>T   adjetivo   claro (masc.), clara (fem.),
                                 ligero (masc.), ligera (fem.)
This is a very light color.
Es un color muy claro.
The curtains are very light; they are not heavy.
Las cortinas son muy ligeras; no son pesadas.

---

lightning L<u>AI</u>T-n<u>i</u>ng   nombre   el relámpago
I do not want to see the lightning.
No quiero ver el relámpago.

---

to like L<u>AI</u>K   verbo   gustar
We like to play basketball.
Nos gusta jugar al básquetbol.
We like apples.
Nos gustan las manzanas.

(ocean) liner   nombre   el transatlántico,
    <u>oh</u>-sh¢n L<u>AI</u>-n¢r   trasatlántico
Do you see the ocean liner?
¿Ve usted el transatlántico?

---

lion L<u>AI</u>-¢n   nombre   el león
The lion is frightening.
El león es espantoso.

---

lip L<u>I</u>P   nombre   el labio
The teacher puts her finger to her lips.
La maestra lleva el dedo a los labios.

---

to listen L<u>I</u>S-¢n   verbo   eschuchar
My sister is listening to the record.
Mi hermana está escuchando el disco.

---

little L_IT_-l   adjetivo   pequeño (masc.),
                                                  pequeña (fem.)

He has a little car.
Tiene un coche pequeño.

(a) little L_IT_-l   adverbio   un poco, un poquito

Just a little coffee, please.
Un poco de café, por favor.

to live L_I_V   verbo   vivir

Fish live in water.
Los peces viven en el agua.

living room L_I_V_-ing rum   nombre   la sala

The boys watch television in the living room.
Los muchachos miran la televisión en la sala.

is located (See **is**)

lollypop L_AL_-i-P_AP_   nombre   el caramelo

Which lollypop do you want?
¿Qué caramelo quieres?

no longer n_oh_ L_AWNG_-g_er_   adverbio   ya no

I no longer play the violin.
Ya no toco el violín.

to look (at) LAUHK   verbo   mirar

They are looking at the snowman.
Ellos miran al hombre (hecho) de nieve.

to look at oneself   expresión   mirarse
                       idiomática
The princess looks at herself in the mirror.
La pincesa se mira en el espejo.

to look after   expresión   cuidar de
  (to watch over)   idiomática
The tiger looks after the baby tigers.
El tigre cuida de los tigrecitos.

to look for   expresión   buscar
                       idiomática
Mom is always looking for her glasses.
Mamá siempre busca sus lentes.

---

to lose   LUZ   verbo   perder
Careful! You are going to lose your ribbon.
¡Cuidado! Tú vas a perder tu cinta.

---

a lot   L<u>A</u>T   adverbio   mucho
There is a lot of bread in the bakery.
Hay mucho pan en la panadería.

---

loud   L<u>OW</u>D   adjetivo   fuerte, alto (masc.),
                                      alta (fem.)
The jet airplane makes a loud noise.
El avión (a chorro) hace un ruido fuerte.

in a loud voice   expresión   en voz alta
                       idiomática

loudly   adverbio   fuerte
Do not play the radio so loudly!
¡No toques el radio tan fuerte!

---

to love   L<u>U</u>V   verbo   amar, querer

I love my dog.
Yo quiero a mi perro.

love LƲV	nombre		el amor, el cariño

I have a great love for my grandmother.
Yo le tengo un gran cariño a mi abuela.

---

low L<u>OH</u>   adjetivo   bajo (masc.),
                                              baja (fem.)

The baby has a low chair.
El bebé tiene una silla baja.

in a low voice   expresión   en voz baja
                           idiomática

---

to lower L<u>OH</u>-ǝr   verbo   bajar

The boy lowers his head because he is ashamed.
El muchacho baja la cabeza porque tiene
    vergüenza.

---

luck LƲK   nombre   la suerte

You have a turtle? You are lucky!
¿Tú tienes una tortuga? ¡Qué suerte tienes!

Good luck!   expresión   ¡Buena suerte!
                         idiomática

to be lucky   expresión   tener suerte
                         idiomática

---

luggage   LŁG-idj   nombre   el equipaje
I put the luggage into the car.
Yo pongo el equipaje en el auto.

---

lunch   LŁNCH   nombre   el almuerzo
I eat a sandwich for lunch.
Yo tomo un sándwich para el almuerzo.

lunchtime   nombre   la hora del almuerzo

M

---

machine   mə-SHIN   nombre   la máquina
The vacuum cleaner is a useful machine.
La aspiradora es una máquina útil.

washing machine   nombre   la máquina de lavar

---

mad   MAD   adjetivo   furioso, loco (masc.),
                                   furiosa, loca (fem.)
They say there is a mad bear in the forest.
Dicen que hay un oso furioso en el bosque.

---

made of   MEID əv   expresión   de, hecho de
                           idiomática
The shirt is made of nylon.
La camisa es de nilón.

---

maid   MEID   nombre   la sirvienta, la criada
We do not have a maid.
Nosotros no tenemos criada.

---

to mail (a letter)   MEIL (ə let-ər)   expresión   echar una carta
                                            idiomática
Anthony mails a letter to his cousin.
Antonio echa una carta para su primo.

mailbox   nombre   el buzón
There is a mailbox on the corner of the street.

Hay un buzón en la esquina de la calle.

mailman   nombre   el cartero
The mailman comes at ten o'clock.
El cartero llega a las diez.

---

to make   MEIK   verbo   hacer
Josephine is making a dress.
Josefina hace un vestido.

---

mama, mom   Ma-mø, MAM   nombre   mamá,
  mommy, mother MA-mi, METH-ør   mamacita
Mama is pretty.
Mamá es bonita.

---

man   MAN   nombre   el hombre
  men   (plural)
The man is seated in the park.
El hombre está sentado en el parque.

---

many   MEN-i   adjetivo   muchos (masc.),
                                         muchas (fem.)
There are many bicycles near the school.
Hay muchas bicicletas cerca de la escuela.

how many   ¿Cuántos? ¿Cuántas?

so many   tantos, tantas

too many   demasiados, demasiadas

---

map   MAP   nombre   el mapa

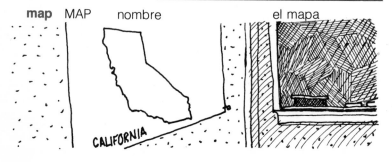

CALIFORNIA

Do you have a map of the state of California?
¿Tienes un mapa del estado de California?

---

marble   MAHR-bel   nombre   la canica
How many marbles do you have?
¿Cuántas canicas tienes tú?

March   MAHRCH   nombre   el marzo
March is the month between February and April.
Marzo es el mes entre febrero y abril.

---

mark (in school)   MAHRK   nombre   la nota
My mark in music is very good.
Mi nota en música es muy buena.

---

market   MAHR-kit   nombre   el mercado
They sell vegetables at the market.
Venden legumbres en el mercado.

supermarket   nombre   el supermercado

---

to marry   MAR-i   verbo   casarse
The actor marries the actress.
El actor se casa con la actriz.

---

marvelous!   MAHR-ve-les   interjección   ¡maravilloso!
You are going to Mexico by airplane? Marvelous!
¿Tú vas a Méjico en avión? ¡Maravilloso!

---

match   MACH   nombre   el cerillo; el fósforo
A match is not a toy.
Un cerillo no es un juguete.

---

no matter!   NOH MAT-er   interjección   No importa
It is raining today? No matter!
¿Llueve hoy? No importa.

---

what's the matter?   expresión   ¿Qué pasa?
   whats the MAT-er   idiomática

What's the matter? You look sad.
¿Qué pasa? Te ves triste.

May I?   MEI <u>ai</u>   verbo   ¿Yo puedo? ¿Puedo yo?
May I go to Susan's house?
¿Puedo (yo) ir a la casa de Susana?

---

maybe   MEI-bi   adverbio   puede ser, quizás,
tal vez
Are we going to the city this afternoon? Maybe.
¿Vamos a la ciudad esta tarde? Puede
ser (quizás).

May   MEI   nombre   el mayo
May is my favorite month.
El mes de mayo es mi mes favorito.

---

me, to me   MI   pronombre   me, a mí
He gives me a balloon.
Él me da un globo.

---

meal   MIL   nombre   la comida
I eat three meals every day.
Yo como tres comidas todos los días.

---

to mean   MIN   expresión   querer decir
idiomática
What does this sentence mean?
¿Qué quiere decir esta oración?

---

meat   MIT   nombre   la carne
What kind of meat do you like?
¿Qué clase de carne le gusta a usted?

mechanic   me-KAN-ik   nombre   el mecánico
The mechanic is in the garage.
El mecánico está en el garage.

medicine   MED-i-sin   nombre   la medicina
I don't like the medicine.
No me gusta la medicina.

to meet   MIT   verbo   encontrar, encontrarse con
I meet my uncle in the store.
Yo encuentro a mi tío en la tienda.

member   MEM-ber   nombre   el socio, el miembro
Do you know all the members of the team?
¿Conoces tú a todos los miembros del equipo?

men   (See **man**)

menu   MEN-yu   nombre   el menú, la carta
I am reading the menu aloud.
Yo leo el menú en voz alta.

merry-go-round   nombre   el tiovivo, los
   MER-i-goh-rownd   caballitos
I like the music of the merry-go-round.
Me gusta la música del tiovivo.

in the middle of   preposición   en medio de
   in the MID-l ev
I put the salt in the middle of the table.
Pongo la sal en medio de la mesa.

midnight   MID-nait   adverbio   la medianoche

My parents go to bed at midnight.
Mis padres se acuestan a medianoche.

---

mile MAIL   nombre   la milla
My cousin lives ten miles from my house.
Mi prima vive a diez millas de mi casa.

---

milk MILK   nombre   la leche
Milk is good for children.
La leche es buena para los niños.

---

million MIL-yøn   nombre   el millón
Are there a million books in the library?
¿Hay un millón de libros en la biblioteca?

---

never mind! (See **no matter!**)

---

minute MIN-it   nombre   el minuto
How many minutes are there in a half hour?
¿Cuántos minutos hay en (una) media hora?

---

mirror MIR-ør   nombre   el espejo
There is a mirror in the bedroom.
Hay un espejo en la recámara.(la alcoba).

Miss MIS   nombre   la señorita
Ms.   MIZ
Miss Dooley, what time is it?
Señorita Dooley, ¿qué hora es?

---

mistake mis-TEIK   nombre   la falta, la equivocación,
                                                 el error
Margaret makes many mistakes.
Margarita comete muchas faltas.

---

to mix MIKS   verbo   mezclar
Anne is mixing vegetables in the soup.
Ana mezcla las legumbres en la sopa.

---

moist   M<u>OI</u>ST   adjetivo   húmedo (masc.),
                                                húmeda (fem.)

The towel is moist.
La toalla está húmeda.

moment   M<u>OH</u>-m~~e~~nt   nombre   el momento
I am going to the basement for a moment.
Voy al sótano por un momento.

Monday   M~~E~~N-dei   nombre   el lunes
I am sleepy on Mondays.
Tengo sueño los lunes.

money   M~~E~~N-i   nombre   el dinero
How much money do you have?
¿Cuánto dinero tienes tú?

monkey   M~~E~~NG-ki   nombre   el mono
The monkey is amusing.
El mono es divertido.

month   M~~E~~NTH   nombre   el mes
We have three months of winter.
Tenemos tres meses de invierno.

moon   MUN   nombre   la luna
The moon is far from the earth.
La luna está lejos de la tierra.

more M<u>AW</u>R   adverbio   más

What time do you get up in the morning?

Do you want some more cake?
¿Quieres más torta?

morning M<u>AW</u>R-n<u>i</u>ng   nombre   la mañana

What time do you get up in the morning?
¿A qué hora te levantas por la mañana?

mosquito m*s-KI-t<u>oh</u>   nombre   el zancudo,
                                              el mosquito

The mosquito is flying near the ceiling.
El mosquito vuela cerca del cielo raso.

mother (See **mama**)

mother M*TH-*r   nombre   la madre

The baby's mother plays with him.
La madre del bebé juega con él.

mountain MOWN-t*n   nombre   la montaña

I would like to climb the mountain.
Me gustaría subir la montaña.

mouse M<u>OW</u>S   nombre   el ratón
mice (plural)   MAIS

Mice eat cheese.
Los ratones comen queso.

mouth M<u>OW</u>TH   nombre   la boca

The boy opens his mouth when he sings.
El muchacho abre la boca cuando canta.

Mr. (Mister) MIS-tər   nombre   el señor
Mr. Foster is my uncle.
El señor Foster es mi tío.

---

to move   MUV   verbo   mover
I move my legs when I walk.
Yo muevo las piernas cuando camino.

---

movie   MU-vi   nombre   la película
The movie is interesting.
La película es interesante.

  movies   nombre   el cine
Let's go the movies on Saturday.
Vamos al cine el sábado.

---

much   MƎCH   adverbio   mucho
Do they study much?
¿Estudian mucho?

  how much (many)?   adverbio   ¿Cuánto? ¿Cuántos?
                                          ¿Cuántas?

  so much (many)   adverbio   tanto, tantos, tantas

  too much (many)   adverbio   demasiado,
                                           demasiados,
                                           demasiadas

---

mud   MƎD   nombre   el lodo
My books are covered with mud.
Mis libros están cubiertos de lodo.

---

museum   myu-ZI-əm   nombre   el museo
Is the museum open on Sunday?
¿Está abierto el museo el domingo?

---

music MYU-zik nombre   la música
They are playing music on television.
Tocan música en la televisión.

musician myu-ZISH-ən nombre   el músico
The musician is handsome.
El músico es guapo.

(one) must, MEST expresión   hay que
(you) must   idiomática
You must drink milk!
¡Hay que beber leche!

my MAI adjetivo   mi, mis
My bicycle is black.
Mi bicicleta es negra.

myself mai-SELF pronombre   me, mismo,
                                      misma (fem.)
I can do it myself!
¡Yo mismo puedo hacerlo!

N

nail NEIL nombre   la uña
I have ten finger nails.
Tengo diez uñas.

nail (metal) NEIL nombre   el clavo
The nails are in the bottle.
Los clavos están en la botella.

name NEIM nombre   el nombre
What is your name?
¿Cuál es su nombre? (¿Cómo se llama usted?)

napkin NAP-kin nombre   la servilleta
The napkin is on the table.

La servilleta está en la mesa.

---

narrow   NAR-<u>oh</u>   adjetivo   estrecho (masc.),
                                     estrecha (fem.)
The box is too narrow for the book.
La caja es demasiado estrecha para el libro.

---

nation   NEI-shǝn   nombre   la nación
There are many flags at the United Nations.
Hay muchas banderas en las Naciones Unidas.

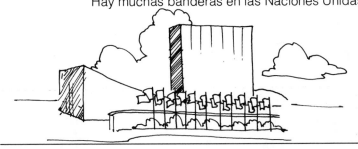

national   NASH-ǝn-ǝl   adjetivo   nacional
My cousin works in a national office.
Mi primo trabaja en una oficina nacional.

---

naughty   N<u>AW</u>-ti   adjetivo   desobediente,
                                    travieso, pícaro (masc.)
                                    traviesa, pícara (fem.)
George hits his friend. He is naughty.
Jorge le pega a su amigo. Es travieso.

---

near   NIR   preposición   cerca de
The grocery store is near the drug store.
La tienda está cerca de la farmacia.

(It is) necessary   expresión   hay que
     <u>it</u> <u>iz</u> NES-ǝ-ser-i   idiomática
It is necessary to go to work.
Hay que ir a trabajar.

---

neck NEK   nombre   el cuello
Simon says: "Touch your neck."
Simón dice: "Tóquense el cuello."

---

to need NID   verbo   necesitar, hacer falta
The astronaut needs air.
El astronauta necesita aire.

---

needle NID-I   nombre   la aguja
She has a needle in her hand.
Ella tiene una aguja en la mano.

---

neighbor NEI-bør   nombre   el vecino (masc.)
                                           la vecina (fem.)

My neighbor has a beard.
Mi vecino tiene barba.

---

nephew NEF-yu   nombre   el sobrino
Peter is my nephew.
Pedro es mi sobrino.

---

nest NEST   nombre   el nido
The bird is flying toward the nest.
El pájaro vuela hacia el nido.

---

never NEV-ør   forma neg.   nunca, jamás
I never go into the woods.
Yo nunca voy al bosque.

---

new NU adjetivo   nuevo (masc.),
                                         nueva (fem.)
         Here is my new pillow.
         Aquí está mi almohada nueva.
New Year's Day nombre   el Dia de Año Nuevo

newspaper NUZ-pei-pør nombre   el periódico
         The newspaper is interesting.
         El periódico es interesante.

next NEKST adjetivo   próximo (masc.),
                                       próxima (fem.)
         I am going to Europe next year.
         Voy a Europa el año próximo.
next to   adverbio   al lado de, próximo a
(at the side of)

nice NAIS adjetivo   agradable
         My neighbor is a nice person.
         Mi vecino es una persona agradable.

niece NIS nombre   la sobrina
         Jane is my niece.
         Juanita es mi sobrina.

night NAIT nombre   la noche
         You can see the moon at night.
         La luna se ve por la noche.

nine NAIN adjetivo   nueve
         It is nine thirty in the morning.
         Son las nueve y media de la mañana.

nineteen nain-TIN adjetivo   diecinueve, diez y
                                              nueve
         He was born on April 19th.
         El nació el diecinueve de abril.

---

ninety   N<u>AI</u>N-ti   adjetivo   noventa

I know how to count from ninety to one hundred.
Yo sé contar de noventa a ciento.

---

no   N<u>O</u>H   adverbio   no

Go to bed. No, I am not sleepy.
Acuéstate. No, no tengo sueño.

No admittance   expresión   Prohibido entrar, No entrar
                       idiomática

No smoking   expresión   Prohibido fumar
                   idiomática

no longer   n<u>ow</u> L<u>AW</u>NG-gér   adverbio   ya no

I no longer wake up at six o'clock.
Ya no me despierto a las seis.

---

none   (See **nothing**)

---

noise   NOIZ   nombre   el ruido

We hear the noise of the fire truck.
Nosotros oímos el ruido del camión
     de bomberos.

---

noon   NUN   nombre   el mediodía

The bell rings at noon.
La campana suena al mediodía.

---

north   N<u>AW</u>RTH   nombre   el norte

Is the mountain to the north or to the south?

¿Está la montaña al norte o al sur?

---

nose   N<u>O</u>HZ   nombre   la nariz
What a big nose you have!
¡Qué nariz tan grande tienes!

---

not   N<u>A</u>T   adverbio   no
John is not eating now.
Juan no come ahora.

---

note (musical)   N<u>O</u>HT   nombre   la nota
Here are the musical notes for the song
   "La Cucaracha."
Aquí están las notas musicales para la canción
   "La Cucaracha."

---

notebook   N<u>O</u>HT-bauhk   nombre   el cuaderno
I am drawing a tree in my notebook.
Yo dibujo un árbol en mi cuaderno.

---

nothing   N<u>E</u>TH-<u>ing</u>   pronombre   nada
What is in the basket? Nothing.
¿Qué hay en la canasta? Nada.

November   n<u>oh</u>-VEM-b<u>e</u>r   nombre   el novembre
Thanksgiving is a holiday in November.
"Thanksgiving" es un día de fiesta en noviembre.

---

now   N<u>OW</u>   adverbio   ahora
You have to go to bed now.
Tienes que acostarte ahora.

---

number   NEM-ber   nombre   el número
> You have a great number of books.
> Tú tienes un gran número de libros.

nurse   NURS   nombre   la enfermera
> The nurse is wearing a white dress.
> La enfermera lleva un vestido blanco.

nylon   NAI-lan   nombre   el nylón, el nilón
> The parachute is made of nylon.
> El paracaídas es de nilón.

O

to obey   oh-BEI   verbo   obedecer
> You have to obey the company's rules.
> Tienes que obedecer las reglas de la compañía.

o'clock   (See **time**)

occupied   AK-yu-paid   adjetivo   ocupado (masc.),
(busy)   ocupada (fem.)
> I am occupied now; I am using the
> vacuum cleaner.
> Estoy ocupado ahora. Estoy usando
> la aspiradora.

ocean   OH-shen   nombre   el océano
> I like to look at the waves in the ocean.
> Me gusta mirar las olas del océano.

ocean liner   nombre   el transatlántico

October ak-TOH-ber   nombre   el octubre
October is a month of autumn.
Octubre es un mes de otoño.

---

odd AD   adjetivo   raro (masc.),
rara (fem.)
It is odd. It is cold in summer.
Es raro. Hace frío en verano.

---

of $\emptyset$f   preposición   de
Here is a book of songs.
Aquí hay un libro de canciones.

(a day) off e dei AWF   expresión   un día libre
idiomática
My day off is Saturday.
Mi día libre es el sábado.

---

office AW-fis   nombre   la oficina
The secretary works in an office.
La secretaria trabaja en una oficina.

---

often AW-fen   adverbio   con frecuencia, a menudo,
frecuentemente
I often go by subway.
Yo voy en el metro con frecuencia.

---

oil OIL   nombre   el aceite, el petróleo
I put oil on my bicycle wheel.
Pongo aceite a la rueda de mi bicicleta.

O.K. oh-KEI   adjetivo   de acuerdo
all right AWL-RAIT
If it's O.K. with you, I'll pay you later.
Si usted está de acuerdo, le pagaré después.

---

old OHLD   adjetivo   viejo (masc.),
vieja (fem.)

The turtle is very old.
La tortuga es muy vieja.

(to be . . . years) old   (See **age**)

---

on AHN   preposición   en, encima de, sobre
The grapefruit is on the table.
La toronja está en la mesa.

---

once again wǿns ǿ-GEN   adverbio   una vez más
Read the sentence once again.
Lea la oración una vez más.

---

one WǼN   adjetivo   un (masc.), una (fem.)
The woman has one broom.
La mujer tiene una escoba.

---

the one(s) who (that)   pronombre   el que, el de,
     thǿ WǼN whu (that)   la que, la de
Here is a small shirt. The one that belongs to
     my brother is big.
Aquí hay una camisa pequeña. La de mi
     hermano es grande.

---

onion ǼN-yǿn   nombre   la cebolla
Onions are not expensive.
Las cebollas no son caras.

---

only OHN-li   adjetivo   único, solo (masc.),
                                       única, sola (fem.)
It is the only coat in the closet.
Es el único abrigo en el armario.

only   adverbio   sólo, solamente
He only works on Tuesdays.
Sólo trabaja los martes.

---

open OH-pǿn   adjetivo   abierto (masc.),
                                           abierta (fem.)

The door is open.
La puerta está abierta.

to open   verbo   abrir

Henry is opening the box.
Enrique abre la caja.

---

or <u>AWR</u>   conjunción   o

What do you want, rolls or bread?
¿Qué quieres? ¿panecillos o pan?

---

orange <u>AR</u>-<u>i</u>ndj   nombre   la naranja

The orange is a fruit.
La naranja es una fruta.

orange juice   nombre   el jugo de naranja

---

orange <u>AR</u>-<u>i</u>ndj   adjetivo   anaranjado (masc.),
                                        anaranjada (fem.)

The pumpkin is orange.
La calabaza es anaranjada.

---

to order <u>AWR</u>-dǿr   verbo   mandar, ordenar

Are you ready to order dinner?
¿Está listo para ordenar la comida?

(in) order (to) <u>i</u>n <u>AWR</u>-dǿr tǿ   preposición   para

She goes to the museum in order to look
  at the paintings.

Ella va al museo para mirar las pinturas
  (los cuadros).

---

other, another ǿTH-ǿr   adjetivo   otro (masc.),
                                        otra (fem.)

I would like another spoon, please.
Quisiera otra cuchara, por favor.

---

other E̸TH-e̸r   pronombre   el otro, la otra

I have a lollypop. The others are in the closet.
Tengo un caramelo. Los otros están en el armario.

---

our OWR   adjetivo   nuestro, nuestros (masc.),
                                  nuestra, nuestras (fem.)

Our dog is naughty today.
Nuestro perro está travieso hoy.

---

out of OWT e̸v   preposición   de, por

The princess looks out of the tower.
La princesa mira de la torre.

---

to go out   (See **to go**)

---

outside OWT-sa̲id   adverbio   afuera

The tree is outside.
El árbol está afuera.

---

over there oh-ve̸r THEHR   adverbio   allá

The spider is over there.
La araña está allá.

---

to overturn oh-ve̸r-TURN   verbo   volver al revés,
                                            virar, volcar

The cat overturns the milk.
El gato vuelve la leche al revés.

---

owl OWL   nombre   el tecolote, la lechuza, el buho

The owl is a bird.
El tecolote es un pájaro.

---

own OHN   adjetivo   propio (masc.),
                                  propia (fem.)

It is my own shell!
¡Es mi propia concha!

P

package PAK-idj   nombre   el paquete
The package is on the desk.
El paquete está en el escritorio.

page PEIDJ   nombre   la página
The picture is on page 20.
El retrato está en la página veinte.

pail PEIL   nombre   la cubeta, el cubo, el balde
The child fills the pail with stones.
El niño llena el cubo de piedras.

pain (See **to have a sore**)

to paint PEINT   verbo   pintar
The artist is painting near the sea.
El artista pinta cerca del mar.

pair PEHR   nombre   el par
I would like to buy a pair of socks.
Me gustaría comprar un par de calcetines.

pajamas pə-DJAH-məz   nombre   las piyamas,
                                          las pijamas
The pajamas are on the bed.
Las piyamas están en la cama.

palace   PAL-<u>is</u>   nombre   el palacio
            The queen arrives at the palace.
            La reina llega al palacio.

pants   PANTS   nombre   el pantalón
                                        (los pantalones)
            The pants are too long for him.
            El pantalón es muy largo para él.

paper   PEI-pɘr   nombre   el papel
            There are papers on the floor.
            Hay papeles en el piso.

parachute   PAR-ɘ-shut   nombre   el paracaídas
            The parachute is open.
            El paracaídas está abierto.

parade   pɘ-REID   nombre   el desfile
            We are watching the parade.
            Miramos el desfile.

parakeet   PAR-ɘ-kit   nombre   el perico
            Do you have a parakeet?
            ¿Tienes un perico?

pardon me   PAHR-dɘn MI   expresión   ¡perdón!
                              idiomática
            Pardon me. What time is it?
            Perdón. ¿Qué hora es?

parents   PEHR-ɘnts   nombre   los padres
            My parents are kind.
            Mis padres son bondadosos.

park   PAHRK   nombre   el parque
            There is a lake in the park.
            Hay un lago en el parque.

parrot PAR-ət   nombre   el loro
 The parrot has a big beak.
 El loro tiene un pico grande.

part PAHRT   nombre   el papel
(in theater)
 I want to play the part of the astronaut.
 Yo quiero hacer el papel del astronauta.

party PAHR-ti   nombre   la fiesta
 I am getting dressed for the party.
 Yo me visto para la fiesta.

to pass PAS   verbo   pasar
 The car is passing the truck on the road.
 El auto pasa el camión en el camino.

to paste PEIST   verbo   pegar
 He is pasting a photograph in the book.
 El pega una foto al libro.

path PATH   nombre   la senda, la vereda
 The path is narrow.
 La vereda es angosta.

paw PAW   nombre   la pata
 The lion has four paws.
 El león tiene cuatro patas.

to pay (for) PEI   verbo   pagar, pagar por
 I'll pay for the package.
 Pago (por) el paquete.

Pay attention!   expresión   ¡Ponga atención!
 pei ə-TEN-shən   idiomática   ¡Presta atención!
 The policeman says, "Pay attention!"
 El policía dice, "¡ Presta atención!"

peas PIZ nombre los chícharos, los guisantes

I like peas.

Me gustan los chícharos (los guisantes).

---

peach PICH nombre el durazno, el melecotón

The peach is too hard.

El durazno está muy duro.

---

peanut PI-nət nombre el cacahuete, el cacahuate, el maní

Does the elephant like to eat peanuts?

¿Le gusta al elefante comer cacahuetes?

---

pear PEHR nombre la pera

Mary has a pear for dessert.

María toma una pera de postre.

---

pen PEN nombre la pluma

Peter writes with a pen.

Pedro escribe con una pluma.

ballpoint pen nombre el bolígrafo

---

pencil PEN-sil nombre el lápiz

Claire is writing with a pencil.

Clara escribe con un lápiz.

---

people PI-p*l*   nombre   la gente
      Many people are at the museum.
      Hay mucha gente en el museo.

---

perhaps (See **maybe**)

---

permission p*r*-MISH-*n*   nombre   el permiso
      Do you have permission to go to the movies?
      ¿Tienes permiso para ir al cine?

---

pet PET   nombre   el animal consentido,
      Do you have a pet?   el animal mimado
      ¿Tienes un animal consentido?

---

pharmacy FAHR-m*e*-si   nombre   la farmacia
      The nurse is entering the pharmacy.
      La enfermera entra en la farmacia.

---

phonograph FOH-n*e*-GRAF   nombre   el fonógrafo,
                                  el tocadiscos
      The record is on the phonograph.
      El disco está en el tocadiscos.

---

photograph, FOH-t*e*-GRAF   nombre   la fotografía,
  photo FOH-TOH   la foto
      This is a photograph of my brother.
      Ésta es una foto de mi hermano.

---

piano PYA-n*oh*   nombre   el piano
      Diana is playing the piano.
      Diana toca el piano.

---

to pick PIK   verbo   escoger, recoger
      She is going to pick some cherries.
      Ella va a recoger cerezas.

---

picnic PIK-n*i*k   nombre   un paseo (en el campo)

The picnic is at Olympic Park.
El paseo es en el Parque Olímpico.

---

picture   PIK-chƐr   nombre   el cuadro, el retrato,
                                     el dibjuo, la pintura
Frances is drawing a picture.
Francisca dibuja un cuadro.

---

pie   P<u>AI</u>   nombre   el pastel
My sister is making a pie.
Mi hermana prepara un pastel.

   apple pie   nombre   el pastel de manzana

   pumpkin pie   nombre   el pastel de calabaza

   strawberry pie   nombre   el pastel de fresa

---

piece   PIS   nombre   el pedazo
I am eating a piece of bread.
Yo como un pedazo de pan.

   piece of paper   nombre   una hoja de papel

---

pig   P<u>I</u>G   nombre   el cochino, el puerco,
                                        el marrano
The pig has a little tail.
El cochino tiene una colita.

---

piggy-bank   P<u>I</u>G-i-bangk   nombre   la alcancía,
                                                 el marranito
Peter is putting money in his piggy-bank.
Pedro pone su dinero en la alcancía.

---

pillow   P<u>IL</u>-<u>oh</u>   nombre   la almohada
The baby's head is on the pillow.
La cabeza del bebé está en la almohada.

---

pin   P<u>I</u>N   nombre   el prendedor, el broche

Helen is wearing a pin.
Helena lleva un broche.

straight pin   nombre   el alfiler

---

pilot (airplane) PAI-lɇt   nombre   el piloto (de avión)
The pilot is handsome.
El piloto es guapo.

---

pink PINGK   adjetivo   color de rosa,
                                          rosado (masc.),
                                          rosada (fem.)
Anne and Arthur like the color pink.
A Ana y Arturo les gusta el color de rosa.

---

place (at table) PLEIS   nombre   el lugar
I put a napkin at each place.
Yo pongo una servilleta en cada lugar.

---

planet PLAN-it   nombre   el planeta
Earth is one of the planets.
La Tierra es uno de los planetas.

---

plant PLANT   nombre   la planta
We have some plants in the living room.
Tenemos algunas plantas en la sala.

---

plate PLEIT   nombre   el plato
I am putting the plate on the table.
Pongo el plato en la mesa.

---

to play PLEI   verbo   jugar
They are playing basketball.
Ellos juegan al básquetbol.

to play a game   expresión   jugar a
                            idiomática

to play a musical instrument   expresión   tocar
                                  idiomática

Philip is playing the violin.
Felipe toca el violín.

---

playground   PLEI-gr<u>ow</u>nd   nombre   el patio de recreo
The swings are in the playground.
Los columpios están en el patio de recreo.

---

pleasant   PLEZ-ȼnt   adjetivo   agradable;
                                         simpático (masc.),
                                            simpática (fem.)

The grocer is pleasant.
El tendero es agradable.

---

please   PLIZ   expresión   por favor
                     idiomática

Please give me a book, Miss Davis.
Déme un libro, por favor, señorita Davis.
Please give me a book. Claire.
Dame un libro, por favor, Clarita.

---

pleasure   PLEZH-ȼr   nombre   el placer
What a pleasure to see you again!
¡Qué placer verte otra vez!

---

pocket   P<u>A</u>K-<u>it</u>   nombre   el bolsillo, la bolsa
I have a handkerchief in my pocket.
Tengo un pañuelo en el bolsillo.

pocketbook   (See **handbag**)

---

to point out   (See **to indicate**)

---

policeman   pə-LIS-mən   nombre   el policía,
                                      el gendarme
The policeman is wearing a hat.
El policía lleva sombrero.

---

polite   pə-LAIT   adjetivo   cortés
My sister is always polite.
Mi hermana siempre es cortés.

---

pool   PUL   nombre   la alberca, la piscina
The pool is clean.
La alberca está limpia.

---

poor   PUR   adjetivo   pobre
A poor boy does not have many toys.
Un muchacho pobre no tiene muchos juguetes.

---

post office   POHST aw-fis   nombre   el correo
Where is the post office?
¿Dónde está el correo?

postman   (See **mailman**)

---

postcard   POHST-kahrd   nombre   la tarjeta postal
Here is a postcard from Barcelona.
Aquí hay una tarjeta postal de Barcelona.

---

potato   pǿ-TEI-toh   nombre   la papa, la patata
         Peter is cutting potatoes.
         Pedro corta las papas.

---

to pour   PAWR   verbo   servir, vaciar, echar
         Joan is pouring milk into a glass.
         Juanita sirve leche en un vaso.

---

to prefer   prǿ-FUR   verbo   preferir
         Do you prefer autumn or winter?
         ¿Prefieres tú el otoño o el invierno?

---

present   PREZ-ǿnt   nombre   el regalo
         I like to get presents.
         Me gusta recibir regalos.

---

present   PREZ-ǿnt   adjetivo   presente
         My friend, Peter, is not present.
         Mi amigo Pedro no está presente.

---

president   PREZ-i-dǿnt   nombre   el presidente

         Who is the president of the United States?
         ¿Quién es el presidente de los Estados Unidos?

---

pretty   PRIT-i   adjetivo   bonito (masc.),
                                         bonita (fem.)
         What a pretty doll!
         ¡Qué bonita muñeca! (¡Qué muñeca tan bonita!)

---

prince   PRINS   nombre   el príncipe
         The prince is seated in an armchair.
         El príncipe está sentado en un sillón.

---

princess   PRIN-sǿs   nombre   la princesa

         The princess is wearing a pretty dress.
         La princesa lleva un vestido bonito.

---

to promise PR<u>A</u>M-i̠s verbo prometer
I promise to wash the dishes.
Yo prometo lavar los platos.

to pull PAUHL verbo estirar, halar
Bernard is pulling the donkey.
Bernardo estira el burro.

pumpkin P⍨MP-ki̠n nombre la calabaza
I am going to buy a large pumpkin.
Voy a comprar una calabaza grande.

to punish P⍨N-i̠sh verbo castigar
When Johnny is naughty, his teacher
  punishes him.
Cuando Juanito es malcriado, su maestra
  lo castiga.

pupil PYU-pi̠l nombre el alumno (masc.),
  la alumna (fem.)
The pupils are writing on the blackboard.
Los alumnos escriben en la pizarra (negra).

puppy P⍨P-i nombre el perrito
The puppy is cute.
El perrito es gracioso.

purple P<u>U</u>R-p⍣l adjetivo color violeta;
  morado (masc.),
  morada (fem.)
I mix blue and red to make purple.
Yo mezclo el azul y el rojo para hacer el
  color violeta.

on purpose <u>a</u>n P<u>U</u>R-p⍣s adverbio adrede, con
  intención
My sister is hiding the ball on purpose.

Mi hermana esconde la pelota adrede.

---

purse (See **handbag**)

---

to push   PAUHSH   verbo   empujar
He is pushing me!
¡Él me empuja!

---

to put PAUHT   verbo   poner
Paul puts the electric trains on the floor
Pablo pone los trenes eléctricos en el piso.

  to put on   expresión   ponerse
                 idiomática
    I am putting on my raincoat because it is raining.
    Yo me pongo el impermeable porque llueve.

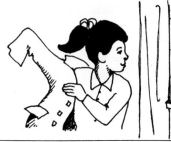

Q

---

quarrel KWAR-él   nombre   la riña, el pleito,
                                la disputa
    I do not like quarrels.
    Nó me gustan los pleitos.

---

quarter KWAW-tér   nombre   el cuarto
    It is a quarter after two.
    Son las dos y cuarto. (Es un cuarto después
      de las dos.)

---

queen KWIN nombre la reina
The queen is wearing jewels.
La reina lleva joyas.

---

question KWES-chen nombre la pregunta
The teacher says, "So many questions!"
El maestro dice, "¡Tantas preguntas!"

---

quickly KWIK-li adverbio pronto, rápido
rápidamente
You eat too quickly!
¡Tú comes demasiado rápido!

---

quiet KWAI-et adjetivo quieto, tranquilo, callado (masc.)
quieta, tranquila, callada (fem.)
During the night all is quiet.
Durante la noche todo está callado.

to be quiet expresión callarse
idiomática
My brother says, "Be quiet!"
Mi hermano dice, "¡Cállense!"

R

---

rabbit RAB-it nombre el conejo
The rabbit runs and jumps.
El conejo corre y salta.

radio   REI-di-<u>oh</u>   nombre   el radio (furniture)
                                    la radio (broadcast)
           There is music on the radio.
           Hay música por la radio.

railroad   REIL-r<u>oh</u>d   nombre   el ferrocarril
           There is a railroad from New York to Houston.
           Hay un ferrocarril de Nueva York a Houston.

(It is) raining   REI-n<u>i</u>ng   verbo   Llueve
           It is raining today.
           Llueve hoy.

rainbow   REIN-b<u>oh</u>   nombre   el arco iris
           The rainbow is beautiful.
           El arco iris es hermoso.

raincoat   REIN-k<u>oh</u>t   nombre   el impermeable
           My raincoat is wet.
           El impermeable está mojado.

to raise   REIZ   verbo   levantar
           He raises his foot to kick the ball.
           El levanta el pie para patear la pelota.

rapid   RAP-<u>i</u>d   adjetivo   rápido (masc.)
(fast)   rápida (fem.)
           The cat is fast when it runs after a mouse.
           El gato es rápido cuando corre detrás de
             (persigue) un ratón.

   rapidly   adverbio   rápido, rápidamente

rat   RAT   nombre   el ratón, la rata
           The rat is ugly!
           El ratón es feo.

---

to read   RID   verbo   leer

He is reading a book in the park.
El lee un libro en el parque.

---

ready   RED-i   adjetivo   listo (masc.)
                                             lista (fem.)

I am ready to go to work.
Yo estoy listo para ir a trabajar.

---

to receive   ri-SIV   verbo   recibir

He receives a letter from his cousin.
El recibe una carta de su primo.

---

record   REK-ərd   nombre   el disco

I have two new records.
Tengo dos discos nuevos.

record player   (See **phonograph**)

---

red   RED   adjetivo   colorado, rojo (masc.),
                                               colorada, roja (fem.)

The apple is red.
La manzana es roja.

---

refrigerator   ri-FRIDJ-ə-rei-tər   nombre   el refrigerador,
                                                          la refrigeradora

Louise puts the salad in the refrigerator.
Luisa pone la ensalada en el refrigerador.

---

to remain   (See **to stay**)

---

to remember   ri-MEM-bər   verbo   recordar, acordarse

I cannot remember the name of the book.
Yo no puedo recordar el nombre del libro.

---

to remove   (See **to take off**)

---

to repair   (See **to fix**)

to repeat   ri-PIT   verbo   repetir
Claude repeats the sentence.
Claudio repite la frase.

to reply   (See **to answer**)

to rescue   (See **to save**)

to rest   REST   verbo   descansar, reposar
Anne is tired; she is resting now.
Ana está cansada; ella descansa ahora.

restaurant   RES-tər-ənt   nombre   el restaurante
My uncle works in this restaurant.
Mi tío trabaja en este restaurante.

to return   ri-TURN   verbo   volver, regresar,
                                                       devolver
I return the book to the library.
Yo devuelvo el libro a la biblioteca.

ribbon   RIB-ən   nombre   la cinta
There are ribbons in the store window.
Hay cintas en la vitrina.

rice   RAIS   nombre   el arroz
The rice is on the plate.
El arroz está en el plato.

---

rich R<u>I</u>CH   adjetivo   rico (masc.),
                                                    rica (fem.)

The actress is rich.
La actriz es rica.

---

to ride R<u>AI</u>D   verbo   pasear, montar, andar

We are riding in a car.
Nosotros andamos en coche.

to ride in a car   expresión   pasear, (andar) en coche
                        idiomática

to ride a bicycle   expresión   andar (montar) en bicicleta
                        idiomática

to ride a horse   expresión   andar (montar) a caballo
                        idiomática

---

all right   (See **agreed**)

---

right R<u>AI</u>T   adjetivo   derecho (masc.)
                                                derecha (fem.)

I raise my right foot.
Yo levanto el pie derecho.

at the right   expresión   a la derecha
                        idiomática

right away   expresión   en seguida
                        idiomática

to be right   expresión   tener razón
                        idiomática

Sometimes I am right.
A veces tengo razón.

---

ring   RĪNG   nombre   el anillo, la sortija
Susan puts the ring on her finger.
Susana se pone el anillo en el dedo.

---

to ring   RĪNG   verbo   sonar
The bell is ringing at school.
La campana suena en la escuela.

---

ripe   RĀIP   adjetivo   maduro (masc.)
                                                 madura (fem.)
When the strawberry is red it is ripe.
Cuando la fresa está roja, está madura.

---

river   RĪV-er   nombre   el río
The river is wide.
El río es ancho.

---

road   RŌHD   nombre   el camino
This road leads to the bank.
Este camino va al banco.

---

roast beef   RŌHST bif   nombre   el rosbif, la carne
                                                 asada
There is a big roast beef in the restaurant.
Hay un rosbif muy grande en el restaurante.

---

to rob   RĀB   verbo   robar
Who robbed the money?
¿Quién robó el dinero?

   robber   (See **burglar**)

---

rock   RĀK   nombre   la piedra, la roca
Alex climbs the rock.
Alejandro trepa la roca.

294

rocket ship RAK-it ship   nombre   la nave cohete, el cohete

The astronaut is in the rocket ship.
El astronauta está en la nave cohete.

to roll ROHL   verbo   enrollar, rodar

William rolls the marbles.
Guillermo rueda las canicas.

roll ROHL   nombre   el panecillo, el bizcocho

We like to eat rolls.
Nos gusta comer panecillos.

roller skate (See **skate**)

roof RUF   nombre   el techo

The chimney is on the roof.
La chimenea está en el techo.

room RUM   nombre   el cuarto, la sala, la habitación

It is hot in this room.
Hace calor en este cuarto.

bathroom	nombre	el cuarto de baño
dining room	nombre	el comedor
living room	nombre	la sala

rooster RUS-tǝr   nombre   el gallo
           The rooster crows early.
           El gallo canta temprano.

rope ROHP   nombre   la cuerda
        The rope is thick.
        La cuerda es gruesa.

  to jump rope   expresión   brincar la cuerda
                    idiomática

round ROWND   adjetivo   redondo (masc.),
                                       redonda (fem.)

           The record is round.
           El disco es redondo.

row ROH   nombre   la fila
       There are five rows in the classroom.
       Hay cinco filas en la sala de clase.

rubber RŮB-ǝr   nombre   el hule, la goma
          The boots are made of rubber.
          Las botas son de hule.

rug RŮG   nombre   la alfombra, el tapete
       The rug is small.
       El tapete es pequeño.

rule RUL   nombre   la regla
        There are so many rules!
        ¡Hay tantas reglas!

ruler RUL-ǝr   nombre   la regla
         I need a ruler.
         Yo necesito una regla.

to run RŮN   verbo   correr
          They are running to the playground.

Ellos corren al patio de recreo.

S

sack SAK   nombre   el costal, el saco
Here is a sack of oranges.
Aquí hay un costal de naranjas.

sad SAD   adjetivo   triste
I cannot go with you. I am sad.
Yo no puedo ir contigo. Estoy triste.

safe and sound   expresión   sano y salvo
SEIF-n-S<u>OW</u>ND   idiomática
Edward returns home safe and sound.
Eduardo regresa a casa sano y salvo.

salad SAL-¢d   nombre   la ensalada
The salad is delicious.
La ensalada está deliciosa.

saleslady SEILZ-lei-di   nombre   la vendedora
salesman SEILZ-man   nombre   el vendedor
(salesperson)
                  The salesman shows him some sweaters.
El vendedor le muestra unos suéteres.

salt S<u>AW</u>LT   nombre   la sal
The salt is on the stove.
La sal está en la estufa.

same SEIM adjetivo   mismo (masc.),
                                                        misma (fem.)
My friend and I wear the same hat.
Mi amigo y yo llevamos el mismo sombrero.

It is all the same to me expresión   Me es igual
                              idiomática

sand SAND nombre   la arena
She takes a sunbath on the sand.
Ella toma un baño de sol en la arena.

sandwich SAND-w<u>i</u>ch nombre   el sándwich
I am eating a roast beef sandwich.
Yo como un sándwich de rósbif.

Saturday SAT-ǝr-dei nombre   el sábado
We are going to the restaurant on Saturday.
Vamos al restaurante el sábado.

saucer S<u>AW</u>-sǝr nombre   el platito, el platillo
I am looking for a saucer in the closet.
Yo busco un platito en el armario.

to save SEIV verbo   ahorrar, salvar; guardar
The policeman saves the child.
El policía salva al niño.
I like to save stamps.
Me gusta guardar timbres.
They save money.
Ellos ahorran dinero.

to say SEI verbo   decir
He always says the truth.
El siempre dice la verdad.

school SKUL nombre   la escuela, el colegio

I go to school at eight o'clock.
Voy a la escuela a las ocho.

---

science   SAI-ǿns   nombre   la ciencia
The science book is interesting.
El libro de ciencia es interesante.

     scientist   SAI-en-tist   nombre   el hombre de ciencia,
                                    el científico
Jonas Salk is a famous scientist.
El señor Jonas Salk es un hombre de
ciencia famoso.

---

scissors   SIZ-ǿrz   nombre   las tijeras
I cut the string with scissors.
Corto el cordón con las tijeras.

---

to scold   SKOHLD   verbo   regañar
The grandfather is scolding the little boy.
El abuelo regaña al niñito.

---

to scream   SKRIM   verbo   gritar
(shout)   The children are screaming in the playground.
Los niños gritan en el patio de recreo.

---

sea   SI   nombre   el mar
I like to look at the sea.
Me gusta mirar el mar.

---

season   SI-zǿn   nombre   la estación
Which season do you prefer?
¿Qué estación prefiere usted?

---

seat   SIT   nombre   el asiento, el lugar
He returns to his seat.
El vuelve a su asiento.

     seated   adjetivo   sentado (masc.),
                                     sentada (fem.)

He is seated.
Él está sentado.

---

second SEK-ênd adjetivo segundo (masc.),
segunda (fem.)
What is the second day of the week?
¿Cuál es el segundo día de la semana?

---

secret SI-krit nombre el secreto
Can you keep a secret?
¿Puedes guardar un secreto?

---

secretary SEK-rê-ter-i nombre la secretaria,
el secretario
The secretary is pretty.
La secretaria es bonita.

---

to see SI verbo ver
I see the helicopter in the sky.
Veo el helicóptero en el cielo.

to see again expresión volver a ver
idiomática

see you soon expresión hasta pronto
idiomática

---

see-saw SI-saw nombre el vaivén, el sube y baja
Paul and Mark are on the see-saw.
Pablo y Marcos están en el vaivén.

---

to sell SEL verbo vender
He sells fruit.
El vende fruta.

---

to send SEND verbo enviar
I am sending a letter to my friend.
Yo envío una carta a mi amigo.

---

sentence   SEN-tⱥns   nombre   la oración, la frase
I write a sentence on the paper.
Yo escribo una oración en el papel.

September   sep-TEM-bⱥr   nombre   el septiembre,
                                                         el setiembre
September has thirty days.
El mes de septiembre tiene treinta días.

serious   SIR-i-ⱥs   adjetivo   serio (masc.),
                                                      seria (fem.)
I am reading a serious book.
Yo leo un libro serio.

to serve   SURV   verbo   servir
The waiter serves lunch.
EL mesero sirve el almuerzo.

to set (sun)   SET   verbo   ponerse, meterse
The sun sets at five o'clock.
El sol se pone a las cinco.

to set (the table)   verbo   poner la mesa

setting (at table)   nombre   el lugar
There are four settings at the table.
Hay cuatro lugares en la mesa.

seven   SEV-ⱥn   adjetivo   siete
It is seven thirty.
Son las siete y media.

seventeen   sev-ⱥn-TIN   adjetivo   diecisiete, diez y
                                                               siete
Today is December 17.
Hoy es el diecisiete de diciembre.

seventy   SEV-ⱥn-ti   adjetivo   setenta

Fifty and twenty are seventy
Cincuenta y veinte son setenta.

---

several   SEV-rᵉl   adjetivo   varios (masc.),
                                          varias (fem.)
There are several boats in the sea.
Hay varios barcos en el mar.

---

to sew   SOH   verbo   coser
Julia is learning to sew.
Julia aprende a coser.

sewing needle   nombre   la aguja para coser,
                                    la aguja de coser

---

shadow   SHAD-oh   nombre   la sombra
Do you see the shadow?
¿Ves tú la sombra?

---

to shake   SHEIK   verbo   sacudir, mover
Mary says "No" and shakes her head.
María dice "No" y mueve la cabeza.

to shake hands   expresión   dar la mano
                     idiomática

---

to share   SHEHR   verbo   compartir
Let us share the pie.
Vamos a compartir el pastel.

---

she SHI   pronombre   ella
              She is running.
              Ella está corriendo.   (Ella corre.) **?**

sheep SHIP   nombre   la oveja
                The sheep is a gentle animal.
                La oveja es un animal manso.

sheet (of paper) (See **paper**)

shell SHEL   nombre   la concha
                It is my shell!
                ¡Es mi concha!

ship SHIP   nombre   el buque
               I dream of traveling on a ship.
               Yo sueño viajar en un buque.

shirt SHURT   nombre   la camisa
                 I am wearing a shirt and tie.
                 Llevo camisa y corbata.

shoe SHU   nombre   el zapato
              Frank is putting on his shoes.
              Francisco se pone los zapatos.

to shop SHAP   verbo   ir de compras
  to go shopping
                  I love to go shopping.
                  Me encanta ir de compras.

  shop (See **store**)

shore (See **edge**)

short SHAWRT   adjetivo   corto (masc.),
                                                  corta (fem.)
                  Mary's coat is very short.

El abrigo de María es muy corto.

---

shoulder   SHOHL-der   nombre   el hombro

She is wearing a pocketbook (purse) on
her shoulder.

Ella lleva una bolsa al hombro.

---

to shout   (See **to scream**)

---

shovel   SHEV-el   nombre   la pala

The shovel is in the pail.

La pala está en el balde.

---

to show   SHOH   verbo   mostrar, enseñar

Anita is showing me her dress.

Anita me muestra su vestido.

---

shower   SHOW-er   nombre   la regadera, el baño
                                              de ducha

My brother is in the shower.

Mi hermano está en el baño de ducha.

---

sick   SIK   adjetivo   enfermo, malo (masc.),
                                                 enferma, mala (fem.)

Robert is in bed because he is sick.

Roberto está en la cama porque está malo.

(at the) side of   (See **next to**)

---

sidewalk   SAID-wawk   nombre   la acera

The girls are playing on the sidewalk.

Las niñas juegan en la acera.

---

silent   (See **quiet**)

---

silly   SIL-i   adjetivo   tonto (masc.),
                                                tonta (fem.)

That is a silly idea!
¡Es una idea tonta!

---

silver   SIL-vər   nombre   la plata
The watch is made of silver.
El reloj es de plata.

---

similar   (See **alike**)

---

to sing   SING   verbo   cantar
My parakeet is singing.
Mi perico canta.

---

sister   SIS-tər   nombre   la hermana
My sister and I are playing together.
Mi hermana y yo jugamos juntas.

---

to sit (down)   SIT DOWN   verbo   sentarse
My grandfather is sitting down.
Mi abuelo se sienta.

---

six   SIKS   adjetivo   seis
There are six cookies in the plate.
Hay seis galletitas en el plato.

---

sixteen   siks-TIN   adjetivo   dieciséis, diez y seis
Number sixteen comes after number fifteen.
El número dieciséis viene después del
    número quince.

---

sixty S<u>I</u>KS-ti   adjetivo   sesenta
The car is going sixty miles an hour.
El auto va a sesenta millas por hora.

size S<u>AI</u>Z   nombre   el tamaño
The size of the skyscraper is frightening.
El tamaño del rascacielos es espantoso.

skate SKEIT   nombre   el patín
Do you have roller skates?
¿Tienes patines de ruedas?

to skate SKEIT   verbo   patinar
The two boys are ice-skating.
Los dos muchachos patinan en hielo.

ice-skate   nombre   el patín de hielo

skin SK<u>I</u>N   nombre   la piel, la cáscara
The banana skin is yellow.
La piel del plátano es amarilla.

skirt SK<u>UR</u>T   nombre   la falda
Ellen's skirt is short.
La falda de Elena es corta.

sky SK<u>AI</u>   nombre   el cielo
The sky is blue today.
El cielo está azul hoy.

skyscraper SK<u>AI</u>-skrei-pør   nombre   el rascacielos
My father works in a skyscraper.
Mi padre trabaja en un rascacielos.

sled SLED   nombre   el trineo
I am seated on the sled.
Yo estoy sentado en el trineo.

to sleep   SL<u>I</u>P   verbo   dormir
              The lion is sleeping.
              El león duerme.

   to be sleepy   expresión   tener sueño
                         idiomática
                         The clown is sleepy.
                         El payaso tiene sueño.

to slide,   SL<u>AI</u>D   verbo   resbalar
   to slip   SL<u>I</u>P
              I slip on the stairs!
              ¡Yo me resbalo en la escalera!

slowly   SL<u>OH</u>-li   adverbio   despacio
              The turtle walks slowly.
              La tortuga camina despacio.

small   SM<u>AW</u>L   adjetivo   pequeño (masc.)
                                              pequeña (fem.)
              The fly is very small.
              La mosca es muy pequeña.

to smell   SMEL   verbo   oler
              Beatrice smells the flower.
              Beatriz huele la flor.

to smile   SM<u>AI</u>L   verbo   sonreír
              The baby smiles when he sees the cat.
              El bebé sonríe cuando ve el gato.

---

to smoke SM<u>O</u>HK   verbo   fumar
My uncle does not smoke.
Mi tío no fuma.

no smoking   expresión   no fumar
idiomática

---

snack SNAK   nombre   la merienda, el bocado
Mommy gives me a snack.
Mamá me da un bocado.

---

snake SNEIK   nombre   la culebra, la víbora
I am afraid of snakes.
Yo les tengo miedo a las víboras.

---

to sneeze SNIZ   verbo   estornudar
I'm cold and I'm sneezing.
Tengo frío y estornudo.

---

to snow SN<u>OH</u>   verbo   nevar
Does it snow in spring?
¿Nieva en la primavera?

snow   nombre   la nieve
Look! How pretty the snow is!
¡Mira! ¡Qué bonita está la nieve!

snowman   nombre   el hombre de nieve,
el mono de nieve

---

so S<u>OH</u>   adverbio   tan
She is speaking so softly.
Ella habla tan suave.

Isn't that so?   expresión   ¿No?
idiomática

so much, so many   expresión   tanto, tantos (masc.)
idiomática   tanto, tantas (fem.)

---

soap SOHP nombre el jabón
I wash my hands with soap.
Yo me lavo las manos con jabón.

soccer SAK-ər nombre el fútbol
Here is our soccer team.
Aquí está nuestro equipo de fútbol.

sock SAK nombre el calcetín
The baby's socks are small.
Los calcetines del bebé son chicos (pequeños).

soda SOH-də nombre el refresco, la soda
I am pouring soda into a glass.
Yo sirvo un refresco en el vaso.

sofa SOH-fə nombre el sofá
The sofa is in the living room.
El sofá está en la sala.

soft SAWFT adjetivo suave;
blando (masc.),
The armchair is soft. blanda (fem.)
El sillón es suave.

softly SAWFT-li adverbio suave, suavemente
The radio is playing softly.
El radio toca suave.

soldier	SOHL-djer	nombre	el soldado

The soldier is on the train.
El soldado está en el tren.

---

somebody,	SEM-bad-i	pronombre	alguien
someone	SEM-wen		

Someone is screaming!
¡Alguien grita!

---

something	SEM-thing	pronombre	alguna cosa, algo

Is there something in the closet?
¿Hay alguna cosa en el armario?

---

sometimes	SEM-taimz	adverbio	algunas veces

Sometimes I do not work.
Algunas veces yo no trabajo.

---

son	SEN	nombre	el hijo

I know the dentist's son.
Conozco al hijo del dentista.

---

song	SAWNG	nombre	la canción

I like to listen to this song.
Me gusta escuchar esta canción.

---

soon	SUN	adverbio	pronto

George Washington's birthday will come soon.
El cumpleaños de Jorge Washington va a
    llegar pronto.

see you soon	expresión idiomática	hasta pronto

(to have a) sore   (See **to have**)

(what) sort of?	expresión idiomática	¿Qué clase de?

What kind of dog is that?
¿Qué clase de perro es ése?

---

soup SUP nombre   la sopa. el caldo

The soup is delicious.
La sopa está deliciosa.

---

south SO̲WTH nombre   el sur

Mexico is to the south of the United States.
México está al sur de los Estados Unidos.

---

to speak SPI̲K verbo   hablar

I am speaking to my friend.
Yo hablo con mi amigo.

---

to spend (time) SPEND verbo   pasar

I spend all day at the library.
Yo paso todo el día en la biblioteca.

to spend (money)   gastar dinero

---

spider SPA̲I-der nombre   la araña

What is it? A spider.
¿Qué es? Una araña.

---

to spill SPI̲L verbo   vaciar, derramar

The waiter spills the soup.
El mesero vacía la sopa.

---

spinach SPI̲N-ch nombre   las espinacas

Do you like spinach?
¿Te gustan las espinacas?

---

spoon SPUN nombre   ·   la cuchara

Charlotte eats ice cream with a spoon.
Carlota come el helado (la nieve) con cuchara.

---

sport SP<u>AW</u>RT   nombre   el deporte
Baseball is an interesting sport.
El béisbol es un deporte interesante.

---

spot SP<u>A</u>T   nombre   la mancha
(stain)   There is a spot on the shirt.
Hay una mancha en la camisa.

---

spotted SP<u>A</u>T-¢d   adjetivo   manchado, pinto (masc.),
                                          manchada, pinta (fem.)
The leopard is spotted.
El leopardo es pinto.

---

spring SPR<u>I</u>NG   nombre   la primavera
You see a lot of birds in the spring.
Se ven muchos pájaros en la primavera.

---

square SKWEHR   adjetivo   cuadrado (masc.),
                                          cuadrada (fem.)
The book is square.
El libro es cuadrado.

---

stain (See **spot**)

---

staircase, STEHR-keis   nombre   la escalera
  stairs STEHRZ
I am going down the staircase.
Yo bajo la escalera.

---

stamp (postage) STAMP   nombre   el timbre, el sello,
                                                             la estampilla
This is an interesting stamp.
Es un timbre interesante.

---

to stand (See **to get up**)

---

standing STAN-ding   adverbio   de pie
The boy is standing in the store.
El muchacho está de pie en la tienda.

---

star STAHR   nombre   la estrella
I like to look at the stars.
Me gusta mirar las estrellas.

---

state STEIT   nombre   el estado
Here is a map of the United States.
Aquí hay un mapa de los Estados Unidos.

---

station STEI-shen   nombre   la estación
The train stops at the station.
El tren se para en la estación.

---

to stay STEI   verbo   quedarse
The owl stays in the tree.
La lechuza se queda en el árbol.

---

to steal STIL   verbo   robar
One must not steal.
No se debe robar.

---

steamship (See **boat, ship**)

---

step STEP   nombre   el escalón
David falls on the steps.
David se cae en los escalones.

---

stewardess (airline)   (See **airline stewardess**)

stick   ST<u>I</u>K   nombre   el palo
The stick is on the ground.
El palo está en la tierra.

still   ST<u>I</u>L   adverbio   todavía
Are you still in the basement?
¿Todavía estás tú en el sótano?

to sting   ST<u>I</u>NG   verbo   picar
The mosquitoes are biting me.
Los zancudos me pican.

stocking   ST<u>A</u>K-ing   nombre   la media
Here is a pair of stockings.
Aquí hay un par de medias.

stomach   ST<s>E</s>M-<s>o</s>k   nombre   el estómago
George has a stomach ache.
Jorge tiene dolor de estómago.

stone   ST<u>OH</u>N   nombre   la piedra
There are many stones near the mountain.
Hay muchas piedras cerca de la montaña.

to stop   ST<u>A</u>P   verbo   detener (se),
                                                  parar (se)

The car stops on the bridge.
El auto se para en el puente.

---

store STAWR nombre   la tienda
(shop)   The store is open.
          La tienda está abierta.

---

storm STAWRM nombre   la tormenta
          It is windy during a storm.
          Hace mucho viento durante una tormenta.

story STAWR-i nombre   el cuento, la historia
          The teacher is reading a story to the children.
          La maestra les lee un cuento a los niños.

---

stove STOHV nombre   la estufa
          The stove is dangerous for children.
          La estufa es peligrosa para los niños.

electric stove nombre   la estufa eléctrica

gas stove nombre   la estufa de gas

---

strange STREINDJ adjetivo   raro, extraño (masc.),
                                        rara, extraña (fem.)
          It is strange. It is cold in summer.
          ¡Qué raro! Hace frío en verano.

---

stranger STREIN-djer nombre   el extraño,
                                          el forastero

Who is that man? He is a stranger.
¿Quién es ese hombre? Es un extraño (forastero).

---

strawberry STR<u>AW</u>-ber-i   nombre   la fresa

I have strawberries for dessert.
Yo tomo fresas de postre.

---

street STRIT   nombre   la calle

It is dangerous to skate in the street.
Es peligroso patinar en la calle.

wide street, boulevard   nombre   el bulevar

street cleaner   nombre   el limpiador de calles

---

string STR<u>I</u>NG   nombre   el cordón

There is a string on the rug.
Hay un cordón en el tapete.

---

stringbean STR<u>I</u>NG-bin   nombre   los ejotes, las
                                           habichuelas
                                           (tiernas)

I am cutting stringbeans.
Yo corto las habichuelas (tiernas).

---

strong STR<u>AW</u>NG   adjetivo   fuerte

The mailman is strong.
El cartero es fuerte.

---

student STUD-nt   nombre   el estudiante
                                     la estudiante

The students are in the library.
Los estudiantes están en la biblioteca.

---

to study ST<u>E</u>D-i   verbo   estudiar

We are studying together.
Nosotros estudiamos juntos.

---

stupid STU-p_id adjetivo estúpido (masc.),
                                 estúpida (fem.)

The fox is not a stupid animal.
La zorra no es un animal estúpido.

subway SŁB-wei nombre el metro, el subterráneo
The nurse takes the subway.
La enfermera toma el metro.

to succeed sŁk-SID verbo tener éxito, lograr
She succeeds in putting on her boots.
Ella logra ponerse las botas.

suddenly SŁD-Łn-li adverbio de repente
Suddenly the telephone rings.
El teléfono suena de repente.

sugar SHAUHG-Łr nombre el azúcar
I put sugar on my grapefruit.
Yo pongo azúcar en la toronja.

suit SUT nombre el traje
I am looking at the suits.
Yo miro los trajes.

  bathing suit nombre el traje de baño

suitcase SUT-keis nombre la maleta
(valise)
He is carrying a suitcase.
El lleva una maleta.

summer SŁM-Łr nombre el verano
Charles is lazy in summer.
Carlos es perezoso en el verano.

  summer vacation expresión las vacaciones de
                       idiomática verano

---

sun SɆN   nombre   el sol
> What time does the sun set?
> ¿A qué hora se pone el sol?

sunbath   nombre   el baño de sol

The sun is shining,   expresión   Hace sol
 It is sunny   idiomática

---

supermarket (See **market**)

---

sure (See **certain**)

---

surprise sɇr-PR<u>AIZ</u>   nombre   la sorpresa
 I like surprises.

surprising   adjetivo   sorprendente

---

sweater SWET-ɇr   nombre   el suéter
> The sweater is made of wool.
> El suéter es de lana.

---

sweet SWIT   adjetivo   dulce
> Cherries are sweet.
> Las cerezas son dulces.

---

to swim SW<u>I</u>M   verbo   nadar
> The turtle swims in the lake.
> La tortuga nada en el lago.

swimming pool   nombre   la piscina, la alberca

---

swing SW_I_NG nombre el columpio
The little girl is on the swing.
La niña está en el columpio.

switch SW_I_CH nombre el enchufe, el conmutador

The switch is near the door.
El enchufe está cerca de la puerta.

T

table TEI-b_ø_l nombre la mesa
The knife is on the table.
El cuchillo está en la mesa.

tablecloth nombre el mantel

to set the table expresión poner la mesa
idiomática

Who sets the table in your house?
¿Quién pone la mesa en tu casa?

tail TEIL nombre el rabo, la cola
The cow is moving its tail.
La vaca mueve la cola.

tailor TEI-l_ø_r nombre el sastre
I am going to the tailor.
Yo voy al sastre.

to take TEIK verbo llevar
She takes an umbrella.
Ella lleva un paraguas.

to take food verbo tomar

to take a bath expresión bañarse, tomar un baño
idiomática

She takes a bath before going to bed.
Ella se baña antes de acostarse.

to take off   expresión   quitarse
idiomática
Jack is taking off his shoe.
Jaime se quita el zapato.

to take a trip   expresión   hacer un viaje
idiomática

to take a walk   expresión   dar un paseo
idiomática

---

tale   (See **story**)

---

to talk TAWK   verbo   hablar
Grandmother is talking softly.
La abuela habla suave.

---

tall TAWL   adjetivo   grande; alto (masc.),
alta (fem.)
The skyscraper is tall.
El rascacielos es alto.

---

tank (fish)   (See **fish**)

---

tape recorder teip rø-KAWR-dør   nombre   el grabador,
la grabadora
The tape recorder is expensive.
El grabador magnetofónico es caro.

---

taxi tak-SI   nombre   el taxi
What color is the taxi?
¿De qué color es el taxi?

---

tea TI   nombre   el té
My aunt always drinks tea.
Mi tía siempre toma té.

---

to teach TICH   verbo   enseñar
Daddy is teaching me the letters of the alphabet.
Papá me enseña las letras del alfabeto.

---

teacher TI-ch∉r   nombre   la maestra, el
                                             maestro, el profesor
The teacher is writing on the blackboard.
La maestra escribe en la pizarra.

---

team TIM   nombre   el equipo
The members of the team play together.
Los socios (los jugadores) del equipo
     juegan juntos.

---

tear TIR   nombre   la lágrima
When I cry my eyes are filled with tears.
Cuando lloro, los ojos están llenos de lágrimas.

---

teeth (See **tooth**)

---

telephone TEL-∉-fohn   nombre   el teléfono
The telephone rings at ten o'clock.
El teléfono suena a las diez.

television TEL-∉-VIZH-∉n   nombre   la televisión
Do you like the movies on television?
¿Te gustan las películas de la televisión?

television antenna   nombre   la antena de televisión

television set   nombre   el televisor
The television set has just come from the store.
El televisor acaba de llegar de la tienda.

---

to tell   TEL   verbo   contar
The teacher is telling us a fairy tale.
La maestra nos cuenta un cuento de hadas.

---

ten   TEN   adjetivo   diez
I have ten fingers.
Tengo diez dedos.

---

tent   TENT   nombre   la tienda
There are three tents near the lake.
Hay tres tiendas cerca del lago.

---

test   TEST   nombre   el examen, la prueba
I am afraid of tests.
Yo les tengo miedo a los exámenes.

---

thank you,   THANGK yu   nombre   gracias
   thanks   THANGKS
Susan receives a gift and says "Thank you."
Susana recibe un regalo y da las gracias
   (dice gracias).

---

that   (See **which**)

---

that   THAT   pronombre   eso
What do you think of that?
¿Qué piensas de eso?

   That's too bad!   expresión   ¡Qué lástima!
                        idiomática

---

the   THE   artículo   el, la, los, las
The children are ready.
Los niños están listos.

---

theater   THI-∅-t∅r   nombre   el teatro
The actor is playing a part in the theater.
El actor hace un papel en el teatro.

their   THEHR   adjetivo   su, sus
The boys are pulling their sleds.
Los muchachos halan sus trineos.

them   THEM   pronombre   los, las
Here are the toys. I'll give them to the baby.
Aquí están los juguetes. Yo se los doy al bebé.

to them   THEM   pronombre   les, a ellos, a ellas
I show my photographs to them.
Yo les muestro mis fotografías a ellos.

then   THEN   adverbio   entonces
I get up; then I eat breakfast.
Me levanto; entonces me desayuno.

there   THEHR   adverbio   allí
Put the hammer there.
Ponga usted el martillo allí.

over there   allá

there is,   thehr IZ   adverbio   hay
there are   thehr AHR
Are there any trees in the field?
¿Hay árboles en el campo?

they   T<u>HE</u>I   pronombre   ellos, ellas
They are laughing at the monkeys.
Ellos se ríen de los monos.

---

thick   TH<u>I</u>K   adjetivo   grueso (masc.),
                                                  gruesa (fem.)
The wood on the see-saw is thick.
La madera del sube y baja es gruesa.

---

thief   (See **burglar**)

---

thin   TH<u>I</u>N   adjetivo   delgado, flaco (masc.),
                                                  delgada, flaca (fem.)
The little boy is thin.
El niño es delgado.

---

thing   TH<u>I</u>NG   nombre   la cosa
I put many things into the trunk.
Yo meto muchas cosas en el baúl.

---

to think   TH<u>I</u>NGK   verbo   pensar
What do you think of the new teacher?
¿Qué piensas tú del profesor nuevo?

---

to be thirsty   TH<u>UR</u>S-ti   expresión   tener sed
                                         idiomática
The little girl is thirsty.
La niña tiene sed.

---

thirteen   th<u>ur</u>-TIN   adjetivo   trece
There are thirteen boys in this class.
Hay trece niños en esta clase.

---

thirty   TH<u>UR</u>-ti   adjetivo   treinta
It is ten thirty.
Son las diez y media (treinta).

---

this   THIS   adjetivo   este, estos (masc.),
(these, plural)   esta, estas (fem.)
              This hoop is round.
              Este aro es redondo.

---

this (one) THIS   pronombre   éste (masc.),
                                           ésta (fem.)
              I am going to eat this; I am not going to eat that.
              Yo voy a comer éste, yo no voy a comer ése.

---

thousand THOW-zend   adjetivo   mil
              I would like to have a thousand dollars.
              Me gustaría tener mil dólares.

---

three THRI   adjetivo   tres
           Do you know the song, "Three Blind Mice"?
           ¿Sabes la canción "Los tres ratones ciegos"?

---

throat THROHT   nombre   la garganta

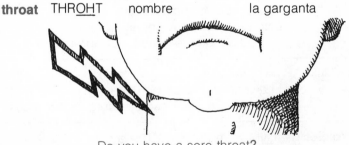

              Do you have a sore throat?
              ¿Tienes dolor de garganta?

---

through THRU   preposición   por, a través de
             The bear is walking through the forest.
             El oso camina por el bosque.

---

to throw THROH   verbo   tirar, lanzar
              Throw the ball to me!
              ¡Tírame la pelota!

---

thunder   THⱻN-dɇr   nombre   el trueno
Thunder makes a loud noise.
El trueno hace mucho ruido.

Thursday   THURZ-dei   nombre   el jueves
Are we going to the zoo on Thursday?
¿Vamos al parque zoológico el jueves?

ticket   TIK-it   nombre   el boleto, el billete
I would like to buy a ticket.
Me gustaría comprar un boleto.

tiger   TAI-gɇr   nombre   el tigre
The tiger jumps from the tree.
El tigre salta del árbol.

tight   TAIT   adjetivo   apretado (masc.),
apretada (fem.)
This coat is too tight for me.
Este saco está muy apretado para mí.
(Este abrigo me queda muy apretado.)

time   TAIM   nombre   la vez
I have to write each word four times.
Tengo que escribir cada palabra cuatro veces.

time (o'clock)   TAIM   nombre   la hora
What time is it?
¿Qué hora es?
It is three o'clock.
Son las tres.
It is six thirty.
Son las seis y media.
It is a quarter after two.
Son las dos y cuarto.
It is dinner time.
Es la hora de cenar.

to have a good time	expresión idiomática	divertirse

---

tip T<u>I</u>P   nombre   la propina
Mother gives a tip to the waiter.
Mamá le da una propina al mesero.

---

tired T<u>AI</u>RD   adjetivo   cansado (masc.),
                                                          cansada (fem.)
After a baseball game we are tired.
Después de un juego de béisbol
estamos cansados.

---

to T<s>OO</s>   preposición   a
He is going to the airport.
El va al aeropuerto.

---

toast T<u>OH</u>ST   nombre   el pan tostado
MMM, I like toast!
UM, me gusta el pan tostado.

---

today te-DEI   adverbio   hoy
What day is today?
¿Qué día es hoy?

---

toe T<u>OH</u>   nombre   el dedo (del pie)
I have ten toes.
Yo tengo diez dedos en los pies.

---

together t<s>oo</s>-G<u>E</u>TH-<s>e</s>r adjetivo,   juntos (masc.),
                                   adverbio   juntas (fem.), junto
We are going to the playground together.
Vamos al patio de recreo juntos.

---

tomato t<s>oo</s>-MEI-<u>toh</u>   nombre   el tomate
My friend is cutting tomatoes.
Mi amigo corta los tomates.

---

tomorrow tø-M<u>A</u>R-<u>oh</u>   nombre   mañana
Tomorrow I am going fishing.
Mañana voy a la pesca.
(Mañana voy de pesca.)

---

tongue T<u>E</u>NG   nombre   la lengua
I see the dog's tongue.
Veo la lengua del perro.

---

too bad! TU BAD   expresión   ¡Qué lástima!
idiomática
Too bad! We can't go now.
¡Qué lástima! Ahora no podemos ir.

too much   adverbio   demasiado
Mama says, "That is too much pie."
Mamá dice "Es demasiado pastel."

too many   adjetivo   demasiados,
demasiadas

---

tooth TUTH   nombre   el diente
teeth (plural) TITH
Larry brushes his teeth.
Lorenzo se cepilla los dientes.

to have a toothache   expresión   tener dolor de muelas
idiomática

toothbrush   nombre   el cepillo de dientes

toothpaste   nombre   la pasta de dientes,
la pasta dentífrica

---

top T<u>A</u>P   nombre   el trompo
A top is a toy.
Un trompo es un juguete.

---

to touch T<u>E</u>CH   verbo   tocar
The child is touching the radio.
El niño toca el radio.

---

towards T<u>AW</u>RDZ   preposición   hacia
We are going towards the hospital.
Vamos hacia el hospital.

---

towel T<u>OW</u>-ǿl   nombre   la toalla
What a dirty towel!
¡Qúe toalla tan sucia!

---

tower T<u>OW</u>-ǿr   nombre   la torre
The castle has two towers.
El castillo tiene dos torres.

---

toy T<u>OI</u>   nombre   el juguete
I like to look at the toys in the store window.
Me gusta mirar los juguetes en la vitrina.

---

traffic TRAF-<u>i</u>k   nombre   la circulación, el tráfico
The traffic stops when the policeman raises
his hand.
La circulación se para cuando el policía
levanta la mano.

---

train TREIN   nombre   el tren
The airplane goes faster than the train.
El avión va más rápido que el tren.

---

to travel TRAV-ǿl   verbo   viajar
We are traveling by car.
Nosotros viajamos en auto.

to take a trip   expresión   hacer un viaje
idiomática

---

traveler TRAV-ǿl-ǿr   nombre   el viajero
The traveler is carrying a suitcase.
El viajero lleva una maleta.

---

tree   TRI   nombre   el árbol
          We are seated under a tree.
          Estamos sentados debajo de (bajo) un árbol.

(to take a) trip   (See **to travel**)

---

truck   TRɆK   nombre   el camión
          The truck is carrying oil.
          El camión lleva petróleo.

fire truck   nombre   el camión de
                                      bomberos

---

true   TRU   nombre   la verdad
          Is it true that the Earth is larger than the moon?
          ¿Es verdad que la Tierra es más grande
             que la luna?
  Isn't that true?   expresión   ¿No es verdad? ¿No?
                 idiomática   ¿Verdad?

---

trunk   TRɆNGK   nombre   el baúl
          They are putting the trunk on the train.
          Ellos ponen el baúl en el tren.

---

to try   TR<u>AI</u>   verbo   tratar de
          I am trying to study.
          Yo trato de estudiar.

Tuesday   TUZ-dei   nombre   el martes
          I am going to the dentist on Tuesday.
          Voy al dentista el martes.

---

turkey   TUR-ki   nombre   el pavo, el guajolote
We eat turkey for a whole week!
¡Nosotros comemos pavo por una
    semana entera!

---

turn   TURN   nombre   el turno
It's not your turn!
¡No es tu turno!

---

to turn   TURN   verbo   doblar, voltear
My uncle turns the page of the newspaper.
Mi tío voltea la página del periódico.

   to turn off   expresión   apagar
                  idiomática
Turn off the electric light.
Apaga la luz eléctrica.

---

turtle   TUR-tøl   nombre   la tortuga
The turtle likes the sun.
A la tortuga le gusta el sol.

---

twelve   TWELV   adjetivo   doce
There are twelve months in a year.
Hay doce meses en un año.

---

twenty   TWEN-ti   adjetivo   veinte
We have twenty plates.
Tenemos veinte platos.

---

twice   TW<u>AI</u>S   adverbio   dos veces
Write the word twice.
Escribe la palabra dos veces.

two   TU   adjetivo   dos
There are two zebras in the field.
Hay dos cebras en el campo.

type of   T<u>AI</u>P ǿf   expresión   tipo de
idiomática
I don't like that type of notebook.
No me gusta ese tipo de cuaderno.

typewriter   T<u>AI</u>P-r<u>ai</u>-tǿr   nombre   la máquina de
escribir
My brother is using a typewriter.
Mi hermano usa una máquina de escribir.

  electric typewriter   nombre   la máquina de
escribir eléctrica

typist   T<u>AI</u>P-<u>i</u>st   nombre   la mecanógrafa
(el mecanógrafo)
The typist works in the office.
La mecanógrafa trabaja en la oficina.

U

ugly   ǢG-li   adjetivo   feo (masc.),
fea (fem.)
I look ugly in this photograph.
Yo estoy feo en esta foto.

umbrella   ǿm-BREL-ǿ   nombre   el paraguas
I would like to buy a pretty umbrella.
Me gustaría comprar un paraguas bonito.

uncle É̸NG-ke̸l   nombre   el tío
   My uncle is my father's brother.
   Mi tío es el hermano de mi padre.

my uncle's house   expresión   la casa de mi tío
                       idiomática

under É̸N-de̸r   preposición   debajo de
   The potato grows under the ground.
   La papa crece debajo de la tierra.

to understand e̸n-de̸r-STAND   verbo   comprender,
                                                 entender
   Do you understand the question?
   ¿Comprendes la pregunta?

unhappy e̸n-HAP-i   adjetivo   infeliz, triste
   She is unhappy because she cannot go
      to the beach.
   Ella está infeliz porque no puede ir a la playa.

united u-NA̲IT-e̸d   adjetivo   unido (masc.),
                                            unida (fem.)
   Here is a map of the United States.
   Aquí hay un mapa de los Estados Unidos.

United Nations   nombre   las Naciones Unidas

university yu-ni̲-VU̲R-si̲-TI   nombre   la universidad
   Is the university far from here?
   ¿Está lejos la universidad?

until e̸n-TIL   adjetivo   hasta
   The bank is open until three o'clock.
   El banco está abierto hasta las tres.

unusual e̸n-YU-zhu-e̸l   adjetivo   extraordinario (masc.),
                                          extraordinaria (fem.)

What unusual glasses!
¡Qué lentes tan extraordinarios!

---

upstairs   ǿp-STEHRZ   adverbio   arriba
My apartment is upstairs.
Mi apartamento está arriba.

---

us, to us   ǼS   pronombre   nos, a nosotros
She gives us candy.
Ella nos da dulces.

---

to use   YUZ   verbo   usar, utilizar
He uses a handkerchief when he sneezes.
El usa un pañuelo cuando estornuda.

---

useful   YUS-fǿl   adjetivo   útil
Scissors are useful.
Las tijeras son útiles.

V

---

vacation   vei-KEI-shǿn   nombre   las vacaciones
What are you going to do during the summer
   vacation?
¿Qué vas a hacer durante las vacaciones
   de verano?

---

to vaccinate   VAK-sin-eit   verbo   vacunar
The doctor vaccinates the boy.
El doctor vacuna al niño.

---

vacuum cleaner   nombre   la aspiradora
VAK-yu-ǿm kli-nǿr
The vacuum cleaner is a useful machine.
La aspiradora es una máquina útil.

---

valise   (See **suitcase**)

---

valley   VAL-i   nombre   el valle
The lake is in a valley.
El lago está en un valle.

---

vanilla   vø-NIL-ø   nombre   la vainilla
They only sell vanilla ice cream.
Se vende helado de vainilla solamente.

---

veal chop   (See   )

---

vegetable   VEDJ-tø-bøl   nombre   la legumbre, la
                                            verdura, el vegetal
Cabbage is a vegetable.
El repollo es una legumbre.

---

very   VER-i   adverbio   muy
The mouse is very small.
El ratón es muy pequeño.

---

village   VIL-idj   nombre   el pueblo
There is only one store in the village.
Hay solamente una tienda en el pueblo.

---

violet   (See **purple**)

---

violin   VAI-oh-lin   nombre   el violín
The violin is on the piano.
El violín está en el piano.

---

to visit   VIZ-it   verbo   visitar
I'd like to visit San Francisco.
Me gustaría visitar San Francisco.

---

voice   VOIS   nombre   la voz
His voice is different when he has a cold.
Su voz es diferente cuando tiene catarro.

   loud, in a   expresión   en voz alta, fuerte

loud voice   idiomática
The man on television is speaking in a loud voice.
El hombre en la televisión habla en voz alta.

in a low voice   expresión   en voz baja
                 idiomática
The dentist speaks in a low voice.
El dentista habla en voz baja.

W

waitress   WEI-trés   nombre   la mesera, la moza
The waitress is very pretty.
La mesera es muy bonita.

---

to wag   WAG   verbo   mover
The dog wags his tail when he is happy.
El perro mueve la cola cuando está feliz.

---

waist   WEIST   nombre   la cintura
I wear a belt around my waist.
Yo llevo un cinto alrededor de la cintura.

---

to wait for   WEIT fér   verbo   esperar
I am waiting for the mailman.
Yo espero al cartero.

I have been waiting for the mailman for an hour.
Hace una hora que espero al cartero.

---

waiter   WEI-tér   nombre   el mesero, el mozo
The waiter serves ice cream.
El mozo sirve helado.

---

to wake up   WEIK ép   verbo   despertar
I wake up when the sun rises.
Yo me despierto cuando sale el sol.

---

to walk, W<u>A</u>WK   verbo   andar, pasear, dar un paseo
(to take a walk)
I am walking in the garden.
Yo doy un paseo en el jardín.

---

wall W<u>A</u>WL   nombre   la pared
Virginia puts the broom against the wall.
Virginia pone la escoba contra la pared.

---

to want WAHNT   verbo   querer, desear
I want to listen to records.
Yo quiero escuchar discos.

---

war W<u>A</u>WR   nombre   la guerra
I do not like war movies.
No me gustan las películas de guerra.

---

warm W<u>A</u>WRM   adjetivo   caliente
The coffee is warm.
El café está caliente.

to be warm   expresión   tener calor
idiomática
John is warm.
Juan tiene calor.

It is warm (weather)   expresión   Hace calor.
idiomática

---

to wash (oneself) WAHSH   verbo   lavarse
She is washing her hair.
Ella se lava el pelo.

to wash   verbo   lavar
            She is washing the car.
            Ella lava el coche.

washing machine   nombre   la máquina de lavar

---

watch   WACH   nombre   el reloj (de pulsera)
            According to my watch it is four thirty.
            Según mi reloj, son las cuatro y media.

to watch   (See **to look at**)

to watch over   (See **to look after**)

---

water   W<u>AW</u>-t¢r   nombre   el agua
            There is water in the pail.
            Hay agua en el cubo.

---

watermelon   W<u>AW</u>-t¢r-mel-¢n   nombre   la sandía
            The boy is carrying a large watermelon.
            El muchacho lleva una sandía grande.

---

wave   WEIV   nombre   la ola
            The waves are frightening.
            Las olas están espantosas.

---

we   WI   pronombre   nosotros
            We are going to the circus.
            Nosotros vamos al circo.

---

weak   WIK   adjetivo   débil
            The nurse helps the boy because he is weak.

La enfermera ayuda al muchacho porque
está débil.

---

to wear   WEHR   verbo   llevar
I am wearing my sister's coat.
Yo llevo el abrigo de mi hermana.

---

weather   WE<u>TH</u>-ǿr   nombre   tiempo
What is the weather?
¿Qué tiempo hace?
It is bad weather.
Hace mal tiempo.
It is cold.
Hace frío.
It is good weather.
Hace buen tiempo.
It is hot. (It is warm.)
Hace calor.
It is sunny.
Hace sol.
It is windy.
Hace viento.

Wednesday   WENZ-dei   nombre   el miércoles
I go to the library on Wednesdays.
Yo voy a la biblioteca los miércoles.

---

week   WIK   nombre   la semana
I am drawing a calendar of the week.
Yo dibujo un calendario de la semana.

---

to weep   (See **to cry**)

---

you're welcome   expresión   de nada, ¡No hay de qué!
   YUR   kem   idiomática
When I say "Thank you," my friend says
   "You're welcome."
Cuando yo digo "Gracias," mi amigo dice
   "De nada."

---

well   WEL   adverbio   bien
John skates well.
Juan patina bien.

Well!   interjección   ¡Oye! ¡Pues!

to behave well   expresión   portarse bien
idiomática
My father says that I behave well.
Mi papá dice que me porto bien.

Well done!   (See **Hurray**!)

west   WEST   nombre   el oeste
When I go from New York to Chicago, I go
toward the west.
Cuando yo voy de Nueva York a Chicago, yo
voy hacia el oeste.

wet   WET   adjetivo   mojado, húmedo (masc.),
mojada, húmeda (fem.)
My hair is wet.
Mi cabello está mojado.

what?   WH<u>A</u>T   interjección   ¿Cómo?
What? Repeat it, please.
¿Cómo? Repita, por favor.

What's the matter?   (See **matter**)

---

wheat   WHIT   nombre   el trigo
The farmer is cutting the wheat.
El agricultor corta el trigo.

---

wheel   WHIL   nombre   la rueda
The car has four wheels.
El coche tiene cuatro ruedas.

---

when   WHEN   adverbio   cuando, ¿cuándo?
When are you coming?
¿Cuándo vienes tú?

---

where   WHEHR   adverbio   ¿dónde?
Where is the grasshopper?
¿Dónde está el chapulín?

---

whether   (See **if**)

---

which   (See **that**)

---

which   WHICH   adjetivo , pronombre   ¿cuál? ¿cuáles?
Which pen do you want?
¿Cuál de las plumas quieres?

(In a little) while   expresión   en un ratito
in ∉ lit-l WHAIL   idiomática
Is he coming? In a little while.
¿El viene? En un ratito.

---

to whistle   WHIS-∉l   verbo   silbar
He is whistling because he is happy.
El silba porque está contento.

---

white   WHAIT   adjetivo   blanco (masc.),
                                                  blanca (fem.)
The house is white.
La casa es blanca.

---

who   HU   pronombre   ¿quién?, ¿quiénes?
Who is that boy?
¿Quién es ese muchacho?

---

whole   HOHL   adjetivo   entero, todo el (masc.),
entera, toda la (fem.)
I would like to eat the whole apple.
Me gustaría comer toda la manzana.

---

why?   WHAI   adverbio   ¿por qué?
Why are you smiling?
¿Por qué sonríe usted?

---

wide   WAID   adjetivo   ancho (masc.),
ancha (fem.)
The fish tank is wide.
El acuario es ancho.

---

wife   WAIF   nombre   la esposa, la mujer
What is the name of the doctor's wife?
¿Cómo se llama la esposa del doctor?

---

wild   WAILD   adjetivo   feroz, salvaje
The hunter catches the wild bear.
El cazador captura el oso salvaje.

---

to win   WIN   verbo   ganar
Mark wins the game of checkers.
Marcos gana el juego de damas.

---

wind W<u>I</u>ND   nombre   el viento
It is windy and I lose my umbrella.
Hace viento y yo pierdo mi paraguas.

window W<u>I</u>N-d<u>oh</u>   nombre   la ventana
The window is open.
La ventana está abierta.

  store window   nombre   la vitrina, el aparador

wine W<u>AI</u>N   nombre   el vino
The wine is in the bottle.
El vino está en la botella.

wing W<u>I</u>NG   nombre   el ala
The bird has two wings.
El pájaro tiene dos alas.

winter W<u>I</u>N-t<u>ø</u>r   nombre   el invierno
Winter comes after autumn.
El invierno viene después del otoño.

wise W<u>AI</u>Z   adjetivo   sabio (masc.),
                                            sabia (fem.)
My grandfather is very wise.
Mi abuelo es muy sabio.

wish W<u>I</u>SH   nombre   el deseo
I look at the star and I make a wish.
Yo veo la estrella y expreso un deseo.

  to wish   (See **to want**)

with W<u>I</u>TH   preposición   con
I skate with my skates.
Yo patino con los patines.

without w<u>ith</u>-<u>OW</u>T   preposición   sin

Robert goes out without a hat.
Roberto va (sale) sin sombrero.

---

wolf WAUHLF   nombre   el lobo
Is it a dog or a wolf?
¿Es un perro o un lobo?

---

woman WAUHM-ǿn   nombre   la mujer
women (plural)
The woman is carrying a handbag.
La mujer lleva una bolsa.

---

wonderful   adjetivo   maravilloso, extraordinario,
WĘN-dǿr-fǿl   divino (masc.),
maravillosa, extraordinaria,
divina (fem.)
It is a wonderful toy!
¡Es un juguete maravilloso!

---

wood WAUHD   nombre   la madera
The desk is made of wood.
El escritorio es de madera.

---

woods (See **forest**)

---

wool WAUHL   nombre   la lana
My gloves are made of wool.
Mis guantes son de lana.

---

word W<u>U</u>RD   nombre   la palabra
I am writing the word "yes."
Yo escribo la palabra "sí."

---

work W<u>U</u>RK   nombre   el trabajo
The work is difficult.
El trabajo es difícil.

---

to work W<u>U</u>RK   verbo   trabajar

The salesman works in a store.
El vendedor trabaja en una tienda.

to work (machine)   verbo   andar, funcionar
Is the refrigerator working well?
¿Anda bien el refrigerador?

---

world   WURLD   nombre   el mundo
How many people are there in the world?
¿Cuántas personas hay en el mundo?

---

worm   WURM   nombre   el gusano

I am looking for worms.
Yo busco gusanos.

---

would like   expresión   me gustaría, te gustaría,
   WAUHD LAIK   idiomática   le gustaría, nos gustaría,
                              (os gustaría), les gustaría
He would like to go to the moon.
Le gustaría ir a la luna.

---

to write   RAIT   verbo   escribir
She is writing in the sand.
Ella escribe en la arena.

(to be) wrong   RAWNG   expresión   no tener razón,
                        idiomática   estar mal, estar
                                    equivocado
You are wrong. I have the correct answer.

Tú estás equivocado. Yo tengo la respuesta correcta.

Y

year YIR nombre el año

There are fifty-two weeks in a year.
Hay cincuenta y dos semanas en un año.

---

yellow YEL-<u>oh</u> adjetivo amarillo (masc.),
amarilla (fem.)

The lemon is yellow.
El limón es amarillo.

---

yes YES adverbio sí

Do you want some watermelon? Yes, of course!
¿Quieres sandía? Sí, ¡cómo no!

---

yesterday YES-tér-dei adjetivo ayer

My cousin cannot say the word "yesterday."
Mi prima no puede decir "ayer."

---

you YU pronombre usted, tú, ustedes

Do you have a telephone?
¿Tienes un teléfono?

---

to you YU pronombre a usted, a ti, le, te, les

She is giving you another spoon.
Ella te da otra cuchara.

---

young YÉNG adjetivo joven

The puppy is young; it is six weeks old.
El perrito es joven; tiene seis semanas.

---

your YAWR adjetivo su, sus, tu, tus

Is this your bicycle?
¿Es tu bicicleta?

Z

zebra   ZI-bre   nombre   la cebra

The zebra is an interesting animal.
La cebra es un animal interesante.

zero   ZIR-<u>oh</u>   nombre   el cero
Zero is a bad mark.
El cero es una nota mala.

zoo   ZU   nombre   el jardín zoológico, el zoológico
What time do the animals eat at the zoo?
¿A qué hora comen los animales en
   el zoológico?

DAYS OF THE WEEK
Los días de la semana)

English Inglés	Español Spanish
Monday	— lunes
Tuesday	— martes
Wednesday	— miércoles
Thursday	— jueves
Friday	— viernes
Saturday	— sábado
Sunday	— domingo

MONTHS OF THE YEAR
Los meses del año

English Inglés	Español Spanish
January	— enero
February	— febrero
March	— marzo
April	— abril
May	— mayo
June	— junio
July	— julio
August	— agosto
September	— septiembre
October	— octubre
November	— noviembre
December	— diciembre

PERSONAL NAMES
Los Nombres

BOYS
LOS MUCHACHOS

English Inglés	Español Spanish
Albert	Alberto
Andrew	Andrés
Anthony	Antonio
Arthur	Arturo
Charles	Carlos
Christopher	Cristóbal
Dominic	Domingo
Edward	Eduardo
Frederick	Federico
Frank	Francisco, Paco
George	Jorge
Henry	Enrique
James	Jaime, Diego
John	Juan
Joseph	José, Pepe
Julius	Julio
Louis	Luis
Mark	Marcos
Michael	Miguel
Paul	Pablo
Philip	Felipe
Peter	Pedro
Richard	Ricardo
Steven	Esteban
William	Guillermo

GIRLS
(LAS MUCHACHAS)

English Inglés	Spanish Español
Adele	Adela
Amy	Amata
Ann	Ana
Beatrice	Beatriz
Beth	Isabel
Charlotte	Carlota
Dolores	Dolores, Lola
Dorothy	Dorotea
Helen, Ellen	Elena
Frances	Francisca
Jane, Jean, Joan	Juana
Jacqueline, Janet	Juanita
Louise	Luisa
Mary	María,
Pearl	Perla
Rita	Rita
Rosalyn	Rosita, Rosalinda
Susan	Susana
Sylvia	Silvia

NUMBERS 1-100
(Números 1-100)

English Inglés	Spanish Español
one	uno
two	dos
three	tres
four	cuatro
five	cinco

Begin.	Comienza. Empieza. Comience. Empiece.
Bring me the book.	Tráigame el libro. Tráeme el libro.
Close the door.	Cierre la puerta. Cierra la puerta.
Count from one to five.	Cuente de uno a cinco. Cuenta de una a cinco.
Excellent!	¡Excelente!
Draw a flower.	Dibuje una flor. Dibuja una flor.
Give me a pencil.	Déme un lápiz. Dame un lápiz.
Go to the window.	Vaya a la ventana. Vé a la ventana.
Go back to your seat.	Regrese a su asiento. Regresa a tu asiento.
Good-bye.	Adiós.
Hello.	Hola. ¿Qué tal?
Let's sing.	Vamos a cantar.
Listen.	Escuchen. Escuche. Escucha.
Look at the blackboard.	Miren la pizarra. Mire la pizarra. Mira la pizarra.
Open the door.	Abre la puerta. Abra la puerta.
Pay attention.	Pongan atención. Ponga atención. Pon atención.
Please	Por favor.
Repeat.	Repitan. Repite. Repita.
See you tomorrow.	Hasta mañana.
Sit down.	Siéntense. Siéntese. Siéntate.

Stand up.	Levántense. Levántese. Levántate.
Thank you.	Gracias.
You're welcome.	De nada. Por nada.

NUMBERS 1-100
Números 1-100

English Inglés	Español Spanish
one	uno
two	dos
three	tres
four	cuatro
five	cinco
six	seis
seven	siete
eight	ocho
nine	nueve
ten	diez
eleven	once
twelve	doce
thirteen	trece
fourteen	catorce
fifteen	quince
sixteen	dieciséis
seventeen	diecisiete
eighteen	dieciocho
nineteen	diecinueve
twenty	veinte
twenty-one	veintiuno
twenty-two	veintidós
twenty-three	veintitrés
twenty-four	veinticuatro

twenty-five	veinticinco
twenty-six	veintiséis
twenty-seven	veintisiete
twenty-eight	veintiocho
twenty-nine	veintinueve
thirty	treinta
thirty-one	treinta y uno
thirty-two	treinta y dos
thirty-three	treinta y tres
thirty-four	treinta y cuatro
thirty-five	treinta y cinco
thirty-six	treinta y seis
thirty-seven	treinta y siete
thirty-eight	treinta y ocho
thirty-nine	treinta y nueve
forty	cuarenta
forty-one	cuarenta y uno
forty-two	cuarenta y dos
forty-three	cuarenta y tres
forty-four	cuarenta y cuatro
forty-five	cuarenta y cinco
forty-six	cuarenta y seis
forty-seven	cuarenta y siete
forty-eight	cuarenta y ocho
forty-nine	cuarenta y nueve
fifty	cincuenta
fifty-one	cincuenta y uno
fifty-two	cincuenta y dos
fifty-three	cincuenta y tres
fifty-four	cincuenta y cuatro
fifty-five	cincuenta y cinco
fifty-six	cincuenta y seis
fifty-seven	cincuenta y siete
fifty-eight	cincuenta y ocho
fifty-nine	cincuenta y nueve
sixty	sesenta
sixty-one	sesenta y uno
sixty-two	sesenta y dos

sixty-three	sesenta y tres
sixty-four	sesenta y cuatro
sixty-five	sesenta y cinco
sixty-six	sesenta y seis
sixty-seven	sesenta y siete
sixty-eight	sesenta y ocho
sixty-nine	sesenta y nueve
seventy	setenta
seventy-one	setenta y uno
seventy-two	setenta y dos
seventy-three	setenta y tres
seventy-four	setenta y cuatro
seventy-five	setenta y cinco
seventy-six	setenta y seis
seventy-seven	setenta y siete
seventy-eight	setenta y ocho
seventy-nine	setenta y nueve
eighty	ochenta
eighty-one	ochenta y uno
eighty-two	ochenta y dos
eighty-three	ochenta y tres
eighty-four	ochenta y cuatro
eighty-five	ochenta y cinco
eighty-six	ochenta y seis
eighty-seven	ochenta y siete
eighty-eight	ochenta y ocho
eighty-nine	ochenta y nueve
ninety	noventa
ninety-one	noventa y uno
ninety-two	noventa y dos
ninety-three	noventa y tres
ninety-four	noventa y cuatro
ninety-five	noventa y cinco
ninety-six	noventa y seis
ninety-seven	noventa y siete
ninety-eight	noventa y ocho
ninety-nine	noventa y nueve
one hundred	ciento (cien)

WEIGHTS AND MEASURES*
Peso y Medidas

English / Inglés	Español / Spanish
0.39 inches	1 centímetro
0.62 miles	1 kilómetro
6.21 miles	10 kilómetros
0.035 ounces	1 gramo
2.20 pounds	1 kilogramo
1 inch	2.54 centímetros
1 foot	30.5 centímetros
1 yard	91.4 centímetros
1 mile	1.61 kilómetros
1 ounce	28.3 gramos
1 pound	453.6 gramos

*Approximately (aproximadamente)

PARTS OF SPEECH
Palabras Gramaticales

English / Inglés	Español / Spanish
adjective	el adjetivo
article	el artículo
adverb	el adverbio
conjunction	la conjunción
idiomatic expression	la expresión idiomática
interjection	la interjección
noun, feminine (fem.)	el nombre (femenino)

noun, masculine (masc.)	el nombre (masculino)
preposition	la preposición
pronoun	el pronombre
verb	el verbo
verb form	la forma de verbo

SPANISH VERB SUPPLEMENT
Los Verbos

REGULAR VERBS, PRESENT TENSE

Cantar

Yo canto	Nosotros cantamos
Tú cantas	(Vosotros cantáis)
Él, Ella, Usted canta	Ellos, Ellas, Ustedes cantan

Comer

Yo como	Nosotros comemos
Tú comes	(Vosotros coméis)
Él, Ella, Usted come	Ellos, Ellas, Ustedes comen

Vivir

Yo vivo	Nosotros vivimos
Tú vives	(Vosotros vivís)
Él, Ella, Usted vive	Ellos, Ellas, Ustedes viven

IRREGULAR VERBS, PRESENT TENSE

Hacer

Yo hago	Nosotros hacemos
Tú haces	(Vosotros hacéis)
Él, Ella, Usted hace	Ellos, Ellas, Ustedes hacen

Saber

Yo sé
Tú sabes
Él, Ella, Usted sabe

Nosotros sabemos
(Vosotros sabéis)
Ellos, Ellas, Ustedes saben

Ir

Yo voy
Tú vas
Él, Ella, Usted va

Nosotros vamos
(Vosotros vais)
Ellos, Ellas, Ustedes van

Tener

Yo tengo
Tú tienes
Él, Ella, Usted tiene

Nosotros tenemos
(Vosotros tenéis)
Ellos, Ellas, Ustedes tienen

Ser

Yo soy
Tú eres
Él, Ella, Usted es

Nosotros somos
(Vosotros sois)
Ellos, Ellas, Ustedes son

Estar

Yo estoy
Tú estás
Él, Ella, Usted está

Nosotros estamos
(Vosotros estáis)
Ellos, Ellas, Ustedes están

AQUÍ SE HABLA ESPAÑOL

SPANISH IS SPOKEN HERE

Spain

United
States

Mexico

Central
America

Mexico
Guatemala
El Salvador
Nicaragua
Costa Rica
Panama
Cuba
Puerto Rico
Dominican Republic
Venezuela
Colombia
Ecuador
Peru
Boliva
Chile
Paraguay
Argentina
Uruguay
Spain
Parts of the United States

South
America

2001
SPANISH AND ENGLISH IDIOMS
2001
MODISMOS ESPAÑOLES E INGLESES
A Bilingual Dictionary of Idiomatic Expressions

By Eugene Savaiano and Lynn W. Winget   Pages: 688   Price: $6.50 paper

2001 Spanish and English Idioms/2001 modismos españoles e ingleses is a unique approach to idiomatic expressions, useful to both English- and Spanish-speakers.

Divided into two sections—English-Spanish and Spanish-English, **2001 Spanish and English Idioms/2001 modismos españoles e ingleses** is a compilation of current idiomatic expressions in both languages. Arranged for easy reference, idiomatic expressions are alphabetized under the key word of each phrase, with an appropriate translation—clear, concise and, where possible, idiomatic as well. Sample sentences are provided in both languages.

2001 Spanish and English Idioms/2001 modismos españoles e ingleses includes commonly-used Spanish idioms, primarily from the spoken language, which take into account the usage of both Spain and Spanish America, where regional expressions may differ widely. Therefore, the English speaker is not limited to Castilian Spanish, while attempting a conversation with a Chicano in Los Angeles or a Cuban in Miami. The American idioms also cover differences in regional speech. Special features include abbreviations; weights and measures; and lists of English irregular verbs, all conjugated.

2001 Spanish and English Idioms/2001 modismos españoles e ingleses is an invaluable reference for hospital personnel, policemen, social workers, travelers, students, and anyone who deals closely with Spanish-speaking people.

echar chispas — *to be hopping mad.*
Está echando chispas. *He is hopping mad.*

1001 PITFALLS IN SPANISH

A reference work designed to guide the student in troublesome points of vocabulary nuances, grammar, usage and style. Ideal for individual and class use as a supplement to customary texts. Common pitfalls in learning Spanish are pinpointed through contrasting examples to help the student to understand and to avoid future mistakes. Consistent use of this dictionary will gradually eliminate the frustrating uncertainties that inhibit active use of the foreign language. An indispensable aid in composition and translation courses. Fully indexed. $3.25

Spanish grammar

on one card by Christopher Kendris, Ph.D., Assoc. Prof. of Languages, Schenectady County Community College

(The reference card contains dense multi-column grammar notes organized under the following sections:)

I. NOUNS
- A. GENDER
- B. NUMBER

II. PRONOUNS
- A. PERSONAL PRONOUNS
- B. POSSESSIVE PRONOUNS
- C. DEMONSTRATIVE PRONOUNS
- D. RELATIVE PRONOUNS
- E. INTERROGATIVE PRONOUNS
- F. REFLEXIVE PRONOUNS

III. ARTICLES

IV. PREPOSITIONS
- C. PARA and POR
- D. PERSONAL A

V. ADJECTIVES
- C. DEMONSTRATIVE ADJECTIVES
- D. POSITION OF ADJECTIVES
- E. POSSESSIVE ADJECTIVES

	MASCULINE	FEMININE	NEUTER
Sing.	éste (this, this one)	ésta (this, this one)	esto
Pl.	éstos (these)	éstas (these)	
Sing.	ése (that, that one, near you)	ésa (that, that one, near you)	eso
Pl.	ésos (those, near you)	ésas (those, near you)	
Sing.	aquél (that, that one, over there)	aquélla (that, that one, over there)	aquello
Pl.	aquéllos (those, over there)	aquéllas (those, over there)	

CARD GUIDE TO SPANISH GRAMMAR

All the fundamentals of grammar at your fingertips—
condensed but large enough to be read easily. On a
varnished 8½"x11" card, punched to fit any 3-ring
binder. 2-sided, $1.75 pa.

Barron's Educational Series, Inc./Woodbury, NY